革命と戦争のクラシック音楽史

片山杜秀 Katayama Morihide

NHK出版新書
597

革命と戦争のクラシック音楽史　目次

序章　暴力・リズム・音楽……9
芸術の神は砲声を喜ぶ
戦いにリズムあり
名作は戦争から生まれる
戦争と音楽はぐるぐる回る
音楽史はナイーヴではありえない

第一章　ハプスブルク軍国主義とモーツァルト……25
モーツァルトの軍隊調
「もう飛ぶまいぞ、この蝶々」は軍歌
落日のハプスブルク帝国
軍国プロイセンの台頭
文化芸術を愛したフリードリヒ二世
ハプスブルク帝国の軍国主義

マリア・テレジアの執心
軍国の作曲家、モーツァルト
トルコ行進曲の世界
トルコ軍楽はうるさい！
オスマン帝国の野望
オスマン、ウィーンを包囲する
オスマン、ウィーンを楽します
墺土戦争とモーツァルト

第二章　フランス革命とベルリオーズ……63

虚無と狂乱の『幻想交響曲』
ロマン派音楽としての『幻想交響曲』
ロマンティストの自己暴露の儀式
ギロチンへの行進
なぜパリの聴衆は熱狂したか
自由・平等・友愛
革命は輸出可能！
愛国心は外敵に向けて生ずる

『ラ・マルセイエーズ』
フランス革命と軍隊
民衆の軍隊は歌うと強くなる
ギロチンとチェンバロ
ギロチンと弁護士
ナポレオン時代から七月革命へ
七月革命と『幻想交響曲』
『幻想交響曲』成立の前提条件
ゴセックとベートーヴェン

第三章　反革命とハイドン………105

交響曲『バスティーユ襲撃』
盛り上がるには準備がいる!
引用の魔力と詐術
映画『二百三高地』と信時潔の『海ゆかば』
革命の時代に見合った音楽
目には目を、歯には歯を、歌には歌を
帝国臣民を興奮させる歌

イギリス王になったハノーファー選帝侯
イギリス国歌『神よ、国王を護り賜え』
ハイドンの『皇帝賛歌』
ハイドン、失業する
ハイドン、ロンドンへ行く
市民向きに変化した音楽
ロンドン趣味を持ち帰ってみたら

第四章　ナポレオン戦争とベートーヴェン……141

受け手が限定的だった時代
新しい時代は新しい才能を求める
ベートーヴェン登場
ピアノ・ソナタ第八番『パテティック』
「パテティック」の本義
新時代にみんなを感動させる方法
ベートーヴェンとナポレオンの共通点
グラーヴェと葬列
ベートーヴェンの発明

フランス革命と葬送行進曲
交響曲に入り込む葬送行進曲
オペラを超えるオペラ
個人でなく集団
革命精神の象徴
合唱がもたらす効果
バスティーユ襲撃と『フィデリオ』
無限の戦争か、永遠の平和か
『ラ・マルセイエーズ』から「歓喜の歌」へ
ユートピアの世界

本書関連年表……193

編集協力　宮島　理
校閲　猪熊良子
福田光一
撮影　尾崎　誠
ＤＴＰ　㈱ノムラ

序章　暴力・リズム・音楽

芸術の神は砲声を喜ぶ

「砲声が響くときミューズは沈黙する」という言葉があります。ミューズは芸術をつかさどる女神たちのこと。すなわち、この言葉を残した者は、戦争と芸術は両立しないと訴えているのでしょう。

それはもちろん一理も二理もあります。いざ戦争となれば、世の中は芸術どころではなくなります。それどころか、略奪や爆撃によって芸術作品が破壊されることもある。また、芸術家自身が戦地に送られ、命を落とすことだってあるでしょう。戦争は芸術に負をもたらす。それは歴史の証明するところです。

しかし一方で、砲声とともに声を上げるミューズが存在することもまた事実です。戦争を描写し、ときには兵士を鼓舞する。あるいは、戦争によって新たな表現様式がもたらされる。戦争と芸術とは、互いを刺激する関係性をも有しているのです。

戦争に限った話ではありません。これは暴力と芸術の関係性と見ることもできるでしょう。革命や戦争など、国家間や民族間、あるいは社会内部には、さまざまな暴力の形態が存在します。人間社会の抱えるそうした暴力性が、多様なレベルで芸術に影響を及ぼしているのではないか——そんな問題意識から、本書は生まれました。

本書で注目するのは、芸術の中でも音楽、とりわけ西洋クラシック音楽です。音楽というものは、あらゆる芸術の中でも、特に戦争や暴力とのかかわりが深い。原始的につながっているとさえ言えるでしょう。すくなくとも、私はそう考えています。

冒頭からこんなことを言うと、いかにも妖《あや》しげで、眉をひそめたくなる方もいらっしゃるかもしれません。もちろん私は、戦争を煽《あお》りたいわけでもなければ、クラシック音楽を糾弾したいわけでもない。あくまでも、歴史上に生じた革命や戦争が、どう音楽と関連しているかを見ていきたいのです。ですから、戦争や暴力の是非を論じるつもりもありません。理想論を語りたいわけではなくて、音楽に本質的に内在してきた重要な一面についてそれなりに確認しておきたいということなのです。

暴力と音楽がときに結びつくことは、たとえばリズムを思い出して頂けるとすぐピンとくるのではないでしょうか。太鼓《たいこ》をドンドン叩く。音楽の始原の光景という感じですが、あれって、とても暴力的ではありませんか。

もちろん太鼓をガンガン叩くのは丸裸の強迫的なリズムであって、そんな極端な例に限らないのです。一、二か、一、二、三か、一、二、三、四か、リズムがとれれば、別に太鼓を叩かなくてもリズムは存在する。そして、リズムがとれるということは、組織化された暴力の起源と結びついております。というか、組織的な暴力の発動は、一斉射撃でも、一斉突撃でも、役割分担された包囲殲滅戦《せんめつせん》でも、リズムなくして効果的に果たされません。

そもそも、リズムというものは、音楽を構成する重要な要素の一つというか根源的なものですけれども、それはとりわけ身体動作と結びついています。人間は生命としてもうはなからリズムを持っている。心臓の鼓動ですね。心臓の鼓動だけですと、ひとりの体内の内なるリズムですけれども、人間は社会的生き物ですから、揃って動く。合わせて動く。そうすると強くなれる。そのとき物を言うのは、互いがリズムで合わせるということでしょう。

大勢が組織的に動くには、まずテンポ、時間の尺度が要る。しかし尺度が合えばよいというものではない。尺度の上に組み立てられるのがリズムですね。大まかなテンポだけ共有しても成り立ちません。テンポをどう刻むかが問題です。その刻みがリズムです。運動会の行進も組体操も、リズムに合わせなくては成り立たないでしょう。

戦いにリズムありき

そして、行進や体操は、からだを鍛えるためにだけ、規律を正しくするためにだけ、行われるのではないでしょう。起源を辿れば、戦闘と結びついてくるのです。だいたい学校の体育は軍隊の訓練と不可分です。敵を倒すためにも、敵の陣地を攻撃するのでも、集団行動であれば、フォーメーションが伴う。大勢が統率されて、テンポよくリズミックに行動できればできるほど、原始の人間集団も生き残る率を高められたでしょう。

テンポを持ち、リズムを身体にしみこませ、みんなで一緒に動けるようになり、協調した行動をとれるようになる。そうできれば、人間集団はいろいろと生きやすくなるでしょう。求愛の踊りや親睦《しんぼく》のダンスや祈りの舞をみんな一緒にできるようになるでしょう。

でも、愛や祈りや社交にうつつを抜かせられる前提は食べられて平和であるということで、そのためには狩りや人間同士の争いに勝ち抜かなくてはなりません。祈りの踊りとそのためのテンポやリズムだって、原始古代から洋の東西で設定されたに違いありませんが、その前段階として、戦闘に備え、訓練し、実戦に向けて魂を鼓舞するためのテンポやリズムが人々の動員される身体に刷り込まれるということがあったでしょう。

戦闘にも社交にも祈禱《きとう》にもそれぞれのテンポやリズムが時代や風土に応じてあり、それはみな音楽あってこそのテンポやリズムということになり、その意味では、祈禱も社交も戦闘も、音楽と結びついた人間の社会生活のワン・オヴ・ゼムですけれども、戦闘はその中でも、やはり優越する要素でしょう。いざというときは、誰かが力尽くで収められるし、治められる。そう信じられるからこそ社会は成り立つのでしょう。保安官か、十手持《じって》ちか、警察官か、治安部隊か、銃社会か、そのときその場所で、それぞれですけれど。暴力を埋め込んでこその社会なのです。

人間が社会的な身体活動をするとは、第一義的にはやはり暴力なのだと思います。愛撫《あいぶ》よりも殴る蹴るであり、ぶっ叩くです。古代風に言えば戦士であり、今日風に言えば警察と軍隊です。リズミックな訓練のない警察や軍隊が考えられるでしょうか。そして、警察や軍隊のリズムは音楽のリズムとどこか違うものでしょうか。そんなはずはありません。軍楽隊とはなぜ存在するのか。伊達《だて》や酔狂でわざわざ楽隊を編成するわけではありません。軍と楽は切り離し不能だから軍楽隊があるのです。ほら貝や陣太鼓があるのです。

人間の身体はリズムであり、それは鳥でもけだものでも同じですが、人間は、これも鳥やけだものの多くと同じだけれども、リズミックな協調を得意とし、それに道具を結びつけ、リズムを厳格化するために効果的合図も発明した。声や足踏みだけでなく、笛や太鼓です。そして、リズムを鍛錬し、集団行動を能率的に発達させ、生き上手になった。生き上手とは繰り返しになりますが、結局は戦い方の問題です。戦いにリズムありき。戦争に不可欠な身体性として、リズムが求められるわけです。

というわけで、暴力と音楽が結びつくことは不思議であるどころか、むしろ本源的に結びついていると言うべきです。ミューズは砲声とともにあり。それはさすがに言い過ぎでしょうが、本質はそういうところにあるように思われます。

名作は戦争から生まれる

人類の歴史は、戦争の歴史であるとも言われます。であるから当然といえば当然ですが、クラシック音楽の作品にも、戦争に直接的に材を得たものが少なくありません。比較的有名なものからいくつか例を挙げてみましょう。

たとえば、チャイコフスキーの『大序曲〝一八一二年〟』(一八八〇年)。これはチャイコ

フスキーの生きた時代よりずっと昔の、ナポレオン戦争（一八〇三～一八一五年）における
ナポレオン軍のロシアからの敗退を管弦楽の響きで描写した作品です。

ヨーロッパを席巻《せっけん》したナポレオンは、一八一二年に約七〇万の大軍を率いてロシアへと攻め入り、いっときはモスクワを占領しますけれども、ロシア軍お得意の焦土戦術や冬将軍の影響もあって総崩れになり、悲惨な撤退戦を強いられて、英雄ナポレオンもついに落日のときを迎えます。

この大戦争を描いたものといえば、ロシアの国民文学であり、そこから世界文学に昇華したトルストイの大河小説『戦争と平和』が思い浮かびますが、その世界を音楽でスペクタキュラーに、しかも『戦争と平和』を読む時間の恐らく何百分の一の時間で表現したのが『大序曲〝一八一二年〟』です。あたかも映画のサウンドトラック盤の如く、曲を聴くだけで戦争の様子が臨場感をもって伝わってきます。

そこで重要なのは規律正しいリズムですね。行進や突撃の身体運動を聴く者にただちに想起させる音楽の表現です。戦闘的なテンポとリズムを通じて、音と動作の無限連想の循環が生ずるのです。ちなみに『大序曲〝一八一二年〟』は『戦争と平和』の約一〇年後に生まれています。

このチャイコフスキーの大序曲の祖型になったのは、ベートーヴェンの『戦争交響曲』（一八一三年）と呼ばれる作品でしょう。ナポレオンの軍隊は一八一二年には東はロシア、西はスペインからポルトガルへと展開していました。ヨーロッパの完全なる支配を達成しかかっていたとも言えるでしょう。スペイン王にはナポレオンの兄が据えられたのです。このとき、スペイン、ポルトガルの反ナポレオン勢力を助けていたのはイギリスでした。そして、一八一三年六月、ウェリントン公爵アーサー・ウェルズリー率いるイギリス軍主体の反ナポレオン軍は、スペイン北部のビトリアでナポレオン勢力を敗退させ、秋までにイベリア半島からフランス軍を一掃してしまいます。

当時のベートーヴェンはウィーンの音楽家で、ウィーンは申すまでもなくオーストリア帝国の首都です。オーストリア帝国はいっときナポレオンにのみ込まれていましたが、ロシアでのナポレオン敗退を機会として、ロシアとイギリスの対仏同盟にプロイセンなどと共に加わります。その段階でイベリア半島でもフランスが負けていると伝わってくる。西部戦線と東部戦線の両方でフランスは総崩れ。反ナポレオン同盟は勢いづきます。

ベートーヴェンは個人的にナポレオンが嫌いになっていたとか、そういう話を真っ先に考える必要はありません。ナポレオンが負ける描写音楽を作ることに国家の大義があり、社会の欲求があった。芸術家の個人的表現意欲を超えた次元から生まれてきた作品なのです。だからウィーンの大作曲家は『戦争交響曲』こと『ウェリントンの勝利』を作った。この『ウェリントンの勝利』こそ、交響曲第五番『運命』や交響曲第九番『合唱付』よりもはるかにずっと、ベートーヴェンに成功をもたらした、つまり大作曲家の人生最大のヒット作でした。

チャイコフスキーの『大序曲〝一八一二年〟』とベートーヴェンの『戦争交響曲』は、どちらもナポレオン戦争の、しかも断末魔状態のナポレオンを描いているところが共通していますし、『戦争交響曲』も行進と突撃の身体的リズムに満ち溢れているのはむろんですが、それだけではありません。『戦争交響曲』の楽譜では鉄砲、『大序曲〝一八一二年〟』の楽譜では大砲の使用が明記されているのです。オーケストラの楽器編成に武器が入っている。もちろん空砲を撃つのですけれども。実際には鉄砲や大砲は難しいので、しばしば打楽器で代用されますが、作曲家は本物の武器の音でないと表現が弱くなると思った。それは間違いありません。

戦いは、剣戟《けんげき》の響きとか言いますけれど、空間のスペクタクルであると同時に音響のスペクタクルなのです。歴史を振り返れば、管弦楽編成の増大の過程は革命や戦争の現場の音のうるささに比例し並行しているかのようである、ということが明らかになるでしょう。

戦争と音楽はぐるぐる回る

いや、いきなり深入りしすぎたかもしれません。ここで第二次世界大戦（一九三九〜一九四五年）に飛んでしまいますと、ショスタコーヴィチの交響曲第七番『レニングラード』（一九四一年）が、ちょくせつ戦争につながる音楽として最も有名なもののひとつでしょうか。

ナチス・ドイツがナポレオンの轍《てつ》を踏まないつもりでソヴィエト連邦に電撃戦を仕掛けて、北方の大都市、レニングラードを包囲した長期戦に題材をとった戦争交響曲です。当時既に世界的作曲家であったレニングラード（今日のサンクトペテルブルク）市民のショスタコーヴィチは、ソ連のプロパガンダのためにレニングラードからの脱出をなかなか許されず、総力戦体制下、芸術家も市民のひとりとして都市防衛に努めながら作曲もしているというストーリーを作られて、それを地で行かされました。ドイツ軍の包囲が完成しつつあるギリギリまでレニングラードに留め置かれて、交響曲第七番を作っていた。

作品そのものだけでなく、作曲過程の物語にまで臨場感が求められ、実際、このストーリーが大受けして、第二次世界大戦下の連合国側のクラシック音楽として、ナポレオン戦争下のベートーヴェンの『戦争交響曲』の人気を凌《しの》ぐシンフォニーになったのです。その楽譜は、ドイツの同盟国でありながら、日ソ中立条約が生きているせいで、ソ連との多少の行き来はまだ可能であった戦争中の日本にも持ち込まれ、一部の限られた作曲家の参考にもされたのでした（諸井三郎と戸田邦雄という人です）。この交響曲でいちばん受けたのは、軍隊の暴力的行進を明らかに連想させる、マーチのリズムの執拗《しつよう》な反復と高潮です。

なお、ショスタコーヴィチの交響曲第七番は、ナポレオン戦争から百と幾十年を経て、戦車や爆撃機や戦闘機や機関銃や重砲や爆弾が耳をつんざく大音響を発して戦場の音響スペクタクルを構成するようになった第二次世界大戦の描写とつながった音楽であるにもかかわらず、『戦争交響曲』や『大序曲〝一八一二年〟』のように鉄砲や大砲は使用されませ ん。

ショスタコーヴィチは、そんな表面的な効果を狙うのは愚かだと思ったのかもしれませんし、そういう編成をオーケストラに要求すれば、せっかくの作品が演奏されにくくなるだけだということをよく心得ていたのかもしれません。が、それ以上にショスタコーヴィチは、後期ロマン派の時代から第一次世界大戦前後のストラヴィンスキーの『春の祭典』

やリヒャルト・シュトラウスの『アルプス交響曲』あたりで確立されきった、近代の巨大管弦楽の音響表現が、とりわけ強力にされた金管楽器と打楽器のセクションの活用次第で、改めて大砲や鉄砲の本物を演奏会場に持ちこまずとも、聴衆に戦場のリアリティを容易に与え、恐怖させ、震撼させうる音量と音圧を確保できるのだと、よく知っていたのでしょう。

人間の耳の耐えられるヴォリュームのギリギリを狙っての交響楽団の拡張。それはナポレオン戦争から一九一〇年代までで、ほぼ完了したと言えるでしょうし、そこには革命や戦争の現場の音響と張り合い、それを凌ぐくらいでないと、芸術の非日常性が担保されないという、追いつ追われつのドラマがあったと、考えなくてはいけません。

ほんの限られた例から、本書のデッサンの肝心なところは粗方、御紹介してしまった感もありますが、このように、戦争には音楽、音楽には戦争がつきものなのです。したがって、革命や戦争を描写した音楽作品を並べていくだけでも、音楽史と一般的な世界史を完全に重ねて詳述することは十分可能になります。クラシック音楽の歴史で革命や戦争の歴史をある程度読み解けるし、逆もまた真で、革命や戦争の歴史でクラシック音楽の歴史も読み解ける。

誤解を恐れずにもっと踏み込んだ言い方をすれば、クラシック音楽の中に、単に革命や戦争を描写した音楽もあるのではなく、クラシック音楽そのものがたぶんに暴力的である。人間の本質、音楽の本質にも関わる暴力的なものの表象としての音楽表現が、革命や戦争、それからそこに伴う第二次産業の発達の歴史と手を携えて、発展してきたのが西洋音楽史だと言い切っては言い過ぎだけれど、かなりの部分そういうものとして語れてしまう、歴史の相関というものがある。戦争と音楽はぐるぐる回る関係にある。それが本書の基本的なスタンスです。そんな立場から世界史や音楽史を考えてみたいのです。

音楽史はナイーヴではありえない

そこで問題となるのが、歴史の語り方です。

通常、歴史が叙述される際には、政治史や軍事史と、経済史や社会史はある程度リンクされるのが当たり前になっていると思います。それでも、経済史や科学技術史を忘れて、戦史を語っていることは、今日もとても多いでしょう。

太平洋戦争のときの日本陸軍が時代遅れな肉弾突撃を相変わらず重視していたのは、日露戦争において肉弾突撃で旅順を落とせた成功体験によって、その後の武器の発達を軽視していたからであって、そういう判断しかできない日本陸軍は愚者の集団であるという議論は現在も繰り返されていると思うのですが、戦争のプロの集まりがそんな愚者であるはずはない。予算が足りないから兵器の近代化ができなかった。国力不足。そこに尽きます。

分かっていることとできることは違う。ところが、できることが分かっていることだという転倒が起きて、できなかったのは分かっていなかったから指導者が愚かだったというストーリーに落とし込んで、陸軍を愚者に仕立てて、批判して安心する。近代の軍隊は国の経済力でしかはかれず、分かっていても経済力が足りなければ致し方ない。何しろ武器の性能と数は、けっきょくお金ですから。軍事史と経済史や財政史をリンクさせれば、すぐ分かるはずなのですが。

政治や軍事の叙述でさえ、今なおそうなりがちだとすれば、歴史の教科書ではいつもとってつけたような扱いにされている文化史や芸術史となるとなおさらです。クラシック音楽の歴史について言えば、時代を追ってバロック、古典派、ロマン派といった段階に進んでいくというのが定番の筋立てで、叙述は一般的に自律的かつ自動的であるかのように、しばしばなされてきました。

最近はもうだいぶん違いますけれども、それでも長年の刷り込みは恐ろしい。音楽史は音楽史。それで何が悪い。音楽の話をするのに戦争の話なんかする必要はなし。戦争と一緒に出てくる音楽は低級、プロパガンダ、低次元。真の芸術は戦争に無縁。そう願う気持ちが、多くの人の芸術への思いを支えている。

それはその通りなのです。でも、リズムがあって、行進して、音楽的な身体運動で高揚《こうよう》して、陶酔して、熱狂して、虐殺したりするのです。音楽をそこから切り離しておけると信ずるのは、あまりにナイーヴでありますまいか。

「砲声が響くときミューズは沈黙する」。戦争と芸術的な音楽とは本質的に無関係である。いや、無関係でなければならない。その美しい夢を、少しいじるという視点が必要だと思うのです。そんなことを改めて言うのは野暮かもしれません。実はみんな分かっているのだから、述べずともいいのだと言われれば、その通りかもしれません。それでも、戦争や革命から斜めに斬って、その剣先が音楽史の骨髄にも触れる、そんな歴史の切り結ばせ方をして、音楽は暴力的なものだ、それを忘れるなよ、というふうな視座を、意識してもらえるようになったらと考えているところです。

危険だと思いこんでいたものは多くの場合、危険かもしれませんが、危険でないと思いこんでいたものが実は危険だったということはよくあるでしょう。上品で優雅なタイプの音楽でさえ、けっこう物騒なものなのかもしれません。そんなむずむず感が、みなさまの頭の中に少しでもとどまることになれば、これに優る喜びはございません。

第一章　ハプスブルク軍国主義とモーツァルト

モーツァルトの軍隊調

近代を切り開いた革命と言えば、一七八九年に始まるフランス革命でしょう。歴史の大転機です。その過程で登場する大スターがナポレオンであり、ベートーヴェンなわけですが、彼らが同時期に台頭してきたのには相応の理由があるでしょう。種明かしは後の章で試みるとして、その前に、まずは革命以前の音楽について確認しておきましょう。

まず取り上げてみたいのは、ヴォルフガング・アマデウス・モーツァルトの交響曲第四一番ハ長調（一七八八年）です。いわゆる『ジュピター』もしくは『ユピテル』というあだ名でも知られます。

この楽曲は、第三九番変ホ長調、第四〇番ト短調と合わせて、後期の三大交響曲とも呼ばれています。一七八八年の六月二六日から八月一〇日にかけて、立て続けに作曲され、三曲がセットで意味を成すという説もあります。たとえば指揮者のアーノンクールなどは、そういう説を唱えて、演奏解釈にも反映させました。第三九番が失速と転落の音楽で、第四〇番は冥界か幽界かを彷徨《ほうこう》する音楽で、第四一番が突破・回復・勝利だという理解です。これはなかなか説得力があると思います。

それはともかく、第四一番は、クラシック音楽のファンであれば、早い段階で耳にすることの多いだろう、モーツァルトの交響曲でもとびきり有名な作品です。第四〇番に匹敵するほど、人口に膾炙《かいしゃ》しているでしょう。

曲目解説にはよく、「第四一番は、雄大で壮麗で男性的で力強い」などと書いてあります。でも、もっと具体的に形容できると思うのです。特に第一楽章の話なのですが。それはまさに力強く始まります。モーツァルトの音楽というと、一般には「優美」とか「天使のように軽やか」とか言われがちですけれど、第四一番は、そういうものからかなり抜け出ています。もっと大胆で力強いのです。

モーツァルト

その第一楽章の冒頭を、リズムに気を付けながら、聴いてみましょう。「ジャン、ジャカジャン、ジャカジャン」と来て、「タラーラ・ラーラ・ラーラ」と受ける。「ド、ソラシド、ソラシド」と来て、「ドドーシ、レード、ソーファ」と受けている。そのあと、「ジャン、ジャカジャン、ジャカジャン」とまた来て、「タラーラ・ラーラ・ラーラ」と同じパターンで動いて、その次はどうなりましょうか。「ジャン・ジャカジャン、ジャン・ジャカジャン、ジャン・ジャカジャン」でしょう。

このリズムは何でしょうか。演奏のしようで印象はむろん幾らでも変わりますが、これは素直に聴けば、基本は軍隊行進曲でしょう。コンサートのための音楽として細工はされていますが、リズムは露骨に「ジャン・ジャカジャン」ですから。

しかもその軍隊調は秘められたものではなく、楽器編成によって強調されています。軍隊の雄壮さと結びつく金管楽器、トランペットが「ジャン・ジャカジャン」のリズムを補強している。これでは軍隊調ではないと言われても困るくらいの代物《しろもの》でございましょう。

「もう飛ぶまいぞ、この蝶々」は軍歌

モーツァルトの軍隊調は他にもいろいろ見いだすことができます。

これも有名な作品ですが、歌劇『フィガロの結婚』（一七八六年）。その中に「もう飛ぶまいぞ、この蝶々」という有名なアリアがあります。モーツァルトらしい優雅で楽しいオペラ・アリアの代表のように思われているかもしれません。けれど、これは実は、ほとんど軍歌なのです。

私が勝手にそんなことを申しているのではありません。クラシック音楽ファンのあいだでは近年話題沸騰《ふっとう》の、テオドール・クルレンツィスというカリスマ指揮者がいます。彼はギリシア人で、ソ連崩壊後のロシアで勉強して、ロシアのオイル・マネーに助けられて、自らのオーケストラを作って我が道を大胆に推し進めている人ですが、このクルレンツィスは、『フィガロの結婚』がいかに軍楽的リズムとつながっているかを強調して、「もう飛ぶまいぞ、この蝶々」のリズムも「軍隊音楽」と解釈し、演奏しています。そう言われてみれば、「もう飛ぶまいぞ、この蝶々」は「ダ・ダダ、ダ・ダダ、ダ・ダダ、ダン」という、軍隊行進曲か行進歌の素朴《そぼく》なリズムに乗って書かれていると気づくのです。

しかし、本当にそうなのか。そんな素朴なマーチ調のリズムは、軍隊音楽と結びつけるのがとりあえず自然かもしれないけれど、行進曲は軍隊に限らず、儀式か何かで大勢が入場するときも奏でられるだろうし、「もう飛ぶまいぞ、この蝶々」を軍隊とつなげなくてはいけない必然性が何かあるのだろうか。そうした疑問が呈されるかもしれません。

答えは、必然性が文句なくあるのです。お話を知っていれば、みんな納得です。なぜなら、「もう飛ぶまいぞ、この蝶々」は、軍隊に入る人を見送る歌なのです。アルマヴィーヴァ伯爵の小姓《こしょう》で、恋多き多情多感な少年、ケルビーノが、女性と見れば誰にでも懸想《けそう》してしまうので、呆れ果てた伯爵によって、軍隊送りになってしまう。そのとき、伯爵に仕える、言わばケルビーノの同僚のフィガロが、ケルビーノに捧げるアリアが「もう飛ぶまいぞ、この蝶々」。

フィガロは、ケルビーノもこれでもう花から花へとちらちら飛んで回ることもできないぞと、からかうように歌うのでしょうが、後段になると、ケルビーノが軍隊生活で味わうだろう苦難に思いを寄せる歌詞になって、鉄砲や甲冑《かっちゅう》やサーベルや口ひげや大砲や軍隊ラッパといった文句が飛び出し、山岳地帯を雪の日もカンカン照りの日も軍隊行進する労苦や、雷鳴のように耳を聾《ろう》する砲撃の響きが歌いこまれます。まるで軍歌。音楽が軍隊行進曲になるのも当たり前でしょう。おまけに、軍人には栄誉はあるが、給料は安いとまで、歌詞に入っています。

そこには、まさにハプスブルク帝国の軍国主義時代のありさまが、よく写し込まれています。

落日のハプスブルク帝国

モーツァルトはハプスブルク帝国の音楽家です。一七五六年にザルツブルクで生まれ、フランス革命が起きた二年後の一七九一年に、ウィーンで逝きました。モーツァルトの晩年はもうヨーロッパの大動乱は始まっていたのですが、その前が安定していたかというと、そんなことはありません。戦争、戦争、また戦争です。

モーツァルトの生まれた一七五六年、ハプスブルク帝国は、女大公のマリア・テレジアが実質的に支配していました。

ハプスブルク家がオーストリアを支配する歴史は一三世紀に遡《さかのぼ》ります。ハプスブルク家はオーストリア大公国をたて、ハプスブルク家当主は一五二〇年代からボヘミア王国とハンガリー王国の王も兼ねて、ハプスブルク家の支配する諸国の連合体としてハプスブルク帝国と呼べるものを成します。さらにハプスブルク家は、広くドイツ圏を統《す》べる（ということはオーストリア大公国もハプスブルク帝国も入るということですが）神聖ローマ帝国の皇帝の地位も一四三八年から世襲で得ており、ハプスブルク家の力の及ぶ範囲は中欧に広く及びました。

しかし、一六世紀からのプロテスタントの台頭によるヨーロッパ・キリスト教世界の分裂は、信仰の中身よりもローマ・カトリックの支配から脱したい諸々の世俗権力のプロテスタントへの便乗も生んで、ついに一七世紀、ドイツを主たる舞台としてカトリックとプロテスタントの激突する三十年戦争に至り、この幾つもの戦争が複合した大戦争は、一六四八年のウェストファリア条約締結によって、ようやく落着します。

ウェストファリア条約は、カトリックとプロテスタントの相互不可侵を定め、結果、神聖ローマ帝国は事実上、帝国としての機能を失いました。オーストリアを中心とするハプスブルク帝国は存続しますが、ドイツの中は、プロテスタントの諸宗派とカトリックに細かく割れていて、それが固定化されることになったのです。相互不可侵という原則を守れば、神聖ローマ帝国を構成する諸邦はみんな勝手にふるまえるということです。

つまり、神聖ローマ皇帝は、ハプスブルク帝国以外の神聖ローマ帝国の諸邦を、皇帝であるにもかかわらず、実質的には束ねることができないのです。カトリック陣営のハプスブルク家の当主が神聖ローマ帝国の皇帝を世襲する習慣はなおも続いていきますが、神聖ローマ帝国が帝国として実質的に機能のしようがなくなったのがウェストファリア体制と呼べるでしょうから、神聖ローマ皇帝も弱体化し、次第に有名無実化してゆかざるを得ません。

軍国プロイセンの台頭

この神聖ローマ帝国から興《おこ》ったのがプロイセンです。一七〇一年に神聖ローマ皇帝から、諸邦の領主の地位から一枚格上の、王の支配する王国と名乗ることを許されたプロイセンは、すぐにハプスブルク帝国の強力なライヴァルに成長してゆきました。プロイセンの道は、絶対王政のもとでの徹底的な富国強兵であり、とりわけ二代目の王、フリードリヒ・ヴィルヘルム一世は、常備軍を整え、命がけで働かせるにはどうしたらよいかと、熱心に取り組みました。

フリードリヒ・ヴィルヘルム一世

軍隊が国家のために命を賭《か》けるのは当たり前。果たしてそうでしょうか。ヨーロッパの軍隊の歴史を考えると、古代においては国民皆兵の時代がありました。祖国を守るべく、国民総動員で戦う。だが、文明が進み、国家が大規模化し、富が増大し、人々の暮らしが豊かになると、違ってきます。誰も命を捨てたくはない。かといって、戦争をしないといけないときもある。けれど、誰も軍人兵士にはなりたくない。

そこで物を言うのはこの世にひとつしかありま

せん。お金です。お金で命を買う。傭兵《ようへい》です。外国人を雇う。指揮官も兵隊も外国人。これが基本になりました。お金のある国が良い傭兵をたくさん雇える。そういう国が戦争に勝つ。良い傭兵を雇えない貧しい国は負ける。傭兵を雇える国が勝ち残って、中世の秩序が維持されてゆきます。

ところが、神聖ローマ帝国が有名無実化して、その版図《はんと》内から、日本の幕末で言えば、薩摩や長州のような勢力が、独立独行で覇権を求めだす。プロイセンのような新興小国家です。富国強兵をはかるといっても、既成の大国のような地力はなかなか付きません。傭兵を集めて、そういう大国と戦争をしたら、予算規模で最初から負けているのですから、なかなか勝ち目はないでしょう。ならばどうするか。

そもそも、傭兵は、やはりお金のために戦う仕事人です。本気さが足りないこともあるし、傭兵流の「なんちゃって戦争」の仕方も心得ていて、悪い言い方をすれば適当に戦っているふりをすることもうまいし、見限って逃亡することもある。そうでない軍人兵士を作り出さなくてはいけない。自国民で賄《まかな》う。古代に戻る。小国家だから国民の数も少ないので、なるたけ多くの自国民に兵隊になってもらわなくてはいけない。といっても、国民から志願兵を集めると、自国民とはいっても、性質《たち》の悪い傭兵と変わらない食い詰め者や無頼の徒しか集まらないから、責任感や倫理的意識のあるまっとうな国民を兵隊にしなければならない。

フリードリヒ・ヴィルヘルム一世は、一七一六年に陸軍幼年学校を作りました。プロイセンの貴族層の子弟を少年時代からプロ軍人に養成しようという試みです。

それから一七三〇年代にはカントン制度を作りました。プロイセンの領地を細かく区画して、それぞれに徴兵充足数のノルマを課す。その区域に駐屯《ちゅうとん》する部隊に入れる。傭兵部隊ならヨーロッパ中から言葉の通じないような諸外国人をお金で集めるわけですが、カントン制度が作り出す軍隊はプロイセンの特定の地域の郷土部隊です。プロの傭兵のような戦闘の心得のない、農民とか職人とかの子弟を軍隊に入れて、一から教育する。身体的に訓練する。ラッパや太鼓で、規律を身に付けさせる。

逃げ出すと、地元の仲間に迷惑がかかる。傭兵なら外国にトンズラしても逃げおおせればそれでOKなのかもしれません。が、地元に駐屯する部隊から地元のどこどこの息子が逃げたとなったら、地域共同体の大問題になる。万が一、本当に逃げ切ったら、代わりの人間をまた同じ区域から出さなくてはならない。やはり逃げにくいし、怠業《たいぎょう》もしにくいし、真面目にやらざるを得ない。そこに、外国人の傭兵隊長とかではなく、少年時代から愛国教育を受けて王への忠誠が強いプロイセン軍人が指揮官として君臨《くんりん》するのですから、小国にしては、人数も多く、訓練も行き届き、統率のとれた強い軍隊ができ上がってゆきます。

もちろん、傭兵抜きの純然たる国民軍がいきなりできたわけではないのです。プロイセン軍には相変わらず傭兵も居ました。それでも、プロイセンは、自国民の将校と兵隊の割合を増やす方向で、軍隊づくりを、着実に進めて行ったのです。これがプロイセンの軍国主義と言われるものです。近代国家の国民皆兵の祖型みたいなものです。

文化芸術を愛したフリードリヒ二世

そうして育成されたプロイセン軍は確かに強かった。生活においても、よき軍人的な質実剛健を自ら追求した軍国主義者、フリードリヒ・ヴィルヘルム一世の後を継いだのは、息子のフリードリヒ二世でした。フリードリヒ大王と呼ばれます。

父親と違って文化芸術の愛好者であった大王は、宮廷楽団を充実させ、自らフルートを吹き、作曲しました。宮廷には、フルートの巨匠で大王の楽器の師でもあるヨハン・ヨアヒム・クヴァンツ、ヴァイオリンの名人のフランツ・ベンダ、鍵盤楽器演奏に卓越したカール・フィリップ・エマヌエル・バッハら、当代一流の音楽家が揃っていました。

カール・フィリップ・エマヌエルの父は、大バッハことヨハン・ゼバスティアン・バッハです。息子は父を大王の宮廷に呼び、大王に与えられたテーマのメロディを大バッハが駆使して作曲した超絶的大作が、大王に捧げられた音楽作品という意味の『音楽の捧げ物』であり、これは大バッハの指折りの作品でしょう。

そんなフリードリヒ大王は、父親の育てた軍隊の独特な性質を、壊すことなく発展させて行き、その軍隊は大王時代にヨーロッパ世界で実力を示すことになります。大王は軍楽も作曲したようです。まず、大王は、今日のポーランドとチェコにまたがるシュレージエン地方の領有を、マリア・テレジアの率いるハプスブルク帝国と二度にわたって争いました。一七四〇年からの第一次シュレージエン戦争と、一七四四年からの第二次シュレージエン戦争です。

どちらもプロイセンの勝利に終わり、シュレージエンの大半はプロイセンの領土になりました。

フリードリヒ二世

大バッハが息子の仲介でプロイセンの宮廷に招かれたのは一七四七年ですから、第二次シュレージエン戦争に勝利したプロイセンが余裕を示していた時期ということになります。

ハプスブルク帝国の軍国主義

二度戦って共に勝てなかった。大帝国のハプスブルクが、あくまで神聖ローマ帝国の一部にすぎない新興の王国に、重要な領土を武力で取られてしまった。マリア・テレジアのショックはとても大きかったのです。二度のシュレージエン戦争の他に、同時期にハプスブルク帝国はフランスやバイエルン選帝侯領などとも戦いました。シュレージエン戦争を含め、幾つもの戦争をまとめてオーストリア継承戦争と呼びます。

なぜ継承戦争と呼ばれるのでしょうか。ハプスブルク家の当主で神聖ローマ帝国の皇帝を兼ねたカール六世が一七四〇年に亡くなり、カール六世には男子がなかったので、男系女子のマリア・テレジアがハプスブルク帝国を継ぐことになります。それはいざというときは女子が継承できるという定められた手続きをカール六世が作って諸国の承認を取り付けていましたから、とりあえず問題はない。しかし、神聖ローマ帝国の皇帝は女性がその座に就くことを認めないことになっていた。

そこでハプスブルク帝国としては、カール六世の娘婿《むすめむこ》で、マリア・テレジアの夫のフランツ一世を神聖ローマ皇帝に据えようとしました。これもカール六世の作った家督相続の定めからすると問題ないと考えられる。けれど、そこまでカール六世の血筋にこだわるのはおかしくないか。カール六世の兄にして、カール六世の前のハプスブルク家当主かつ神聖ローマ皇帝であったのは、ヨーゼフ一世です。その娘婿は、バイエルン選帝侯のカール・アルブレヒトでした。彼は自分が神聖ローマ皇帝になってもよいのではないかと主張するに至りました。

マリア・テレジア

バイエルン選帝侯を助けたのは、フランスです。フランスはハプスブルク帝国の力を殺《そ》ぎたい。こうしてあちこちで戦争が始まりました。プロイセンがシュレージエンを取りに行くのも、ハプスブルク家という巨大権力の正統性を巡る混乱に乗じてのことでした。ハプスブルク家の男系男子の占めてきた当主としての地位を誰が継承するか。だから継承戦争なのです。

この長くややこしい複合的な戦争で、ハプスブルク帝国の軍隊はそれなりの戦いをしました。が、プロイセンには明らかに負けてしまいました。マリア・テレジアは復讐心《ふくしゅうしん》に燃える女王となった。やはり傭兵主体のどこか適当でどこか本気の欠けた軍隊ではダメなのだ。マリア・テレジアはプロイセンをモデルにした軍隊の改革を始めます。一七五一年には陸軍士官学校を設ける。愛国心と義務の観念に富んだオーストリア人を主体とする軍隊を作らねばならぬと考えたのです。

むろん、士官学校を作って中長期的に軍の指導者の人事を変えていくという息の長い話ですし、将校の手足となる兵隊の集め方については、とりあえずお金欲しさでやってくる傭兵や、もともとの国民でも食い詰めてほかに行きどころがなく徴募に応じて兵士になる者で主には賄われていたのですから、急には根本的に変わりようもありません。とはいえ、ハプスブルク帝国の軍隊のクオリティは、ある程度、改善されていったには違いないのです。二度のシュレージエン戦争での遺恨の為せる業《わざ》でした。

マリア・テレジアの執心

マリア・テレジアがプロイセンを打倒すべく仕掛けたのは軍事改革だけではありませんでした。外交もです。オーストリア継承戦争での不倶戴天《ふぐたいてん》の敵、ブルボン王朝のフランスを味方に付けました。

両国が軍事同盟を結んだのは一七五六年。マリア・テレジアの娘、マリア・アントニアが、パリに嫁入りしてルイ一六世の妻となり、マリー・アントワネットになるのは、ハプスブルク帝国とフランスの蜜月の分かりやすい証拠です。もっとも結婚式は、同盟条約締結からだいぶん先の一七七〇年のことですけれど。何しろマリア・アントニアの生まれたのは一七五五年。墺仏《おうふつ》提携の成る前年なのですから。

もちろんプロイセンも手をこまねいていたわけではありません。相応の準備をしていました。イギリスと同盟したのです。

こうして次の戦争が始まりました。主たる戦いは、一七五六年のうちに始まり、一七六三年まで続きます。期間に合わせてのちに七年戦争という名前が付きました。フランスとハプスブルク帝国のコンビとイギリスとプロイセン王国のコンビ。神聖ローマ帝国を構成する有力諸邦はいつものように割れて、それぞれの味方につき、ロシアも参加し、英仏の戦争はヨーロッパにとどまらず、アメリカやアジアにも及びます。大元は、シュレージエンを巡るハプスブルクとプロイセンの確執ですが、それが互いに英仏という植民国家をパートナーにすることで、世界戦争化してしまいます。

この戦争はスケールの大きさが格別でした。中身も複雑な経過を辿りますが、プロイセンは、今度は二度のシュレージエン戦争のときのようには行かない。国家存亡の危機に至りました。しかしハプスブルク帝国には最後のひと押しをする国力が足りず、プロイセンは外国の援助もあって劣勢を挽回し、シュレージエンも守り抜いて戦争は終わります。

とにかくいちおうハプスブルク帝国の軍隊も、その成長ぶりを世界に示しはしました。けれど、マリア・テレジアの悲願だったシュレージエン奪還はまたもなりませんでした。しかもプロイセンの脅威をついに押しとどめられなかった。ハプスブルクとプロイセンの関係はやるかやられるか。いつかまた火は燃え広がるだろう。

戦はこれからだ！　マリア・テレジアの軍隊育成へのこだわりは続き、七年戦争後もハプスブルク帝国は、宿敵プロイセンを模倣するかのように軍国主義の道を辿ってゆきます。たとえば、宮廷での軍服の着用は、長年、上品でなく貴顕《きけん》の集う場所には合わないとして退けられてきたのですが、一七五〇年代には認められるようになっていました。軍人の地位も向上していったのです。

だいたいマリア・テレジアは、跡取りの長男、ヨーゼフ二世を軍人として育てました。いつも軍服を着せていた。ヨーゼフ二世は一七六五年にハプスブルク家の当主となり、神聖ローマ帝国の皇帝を兼ねますが、執務時はいつも軍装であったと言われます。一七八〇年にマリア・テレジアが亡くなると、母の遺志を継いで、軍隊の強化にさらに心血を注いでゆきました。

ヨーゼフ二世が好んだものは何か。閲兵式、軍隊行進、軍事パレードです。軍隊が駐屯している場所には、大都市であろうが田舎であろうが、軍楽付きの行進あり。これがハプスブルク帝国の日常でした。一七八〇年代のハプスブルク帝国の軍隊は、平時で約二〇万、戦時で約三〇万と推計されています。帝国の人口が二五〇〇万くらいのときの話です。今日の日本の人口が約一億で自衛隊の定員が約二五万ですから、どのくらい多いのかは自ずと想像されるでしょう。

ヨーゼフ二世

ちなみに五〇人にひとり程度はラッパや太鼓を担当する兵隊が居たと推定されるので、二〇〜三〇万の軍隊には、四〇〇〇〜五〇〇〇人の楽器担当の兵隊が居たことになります。彼らはラッパを吹いて軍隊を規律正しく行動させ、太鼓を叩いて兵隊たちを揃って行進させていたわけでしょう。

軍国の作曲家、モーツァルト

ここでようやく話はモーツァルトに帰れるでしょう。

この天才作曲家は七年戦争の始まった年に生まれ、戦争の最中に神童として作曲を始めました。そして、マリア・テレジアとヨーゼフ二世が軍国化路線を推進し、軍楽が日常化する世界で活躍してゆくことになります。

一七八六年の『フィガロの結婚』にケルビーノの軍隊入りを揶揄《やゆ》するような軍歌調のフィガロのアリアがあるのは、その時代の軍隊の規模拡大と軍楽の流行に見合ったものです。歌詞に歌いこまれた、軍隊は薄給というのも事実です。兵士の月給は工場の下層労働者の数分の一という水準でしたから。巨大な軍隊と人件費のあいだがアンバランスでした。でも、軍隊は食事や宿舎は無料で付いているものではありますが。

いや、そうした表面具体のことだけではありません。『フィガロの結婚』は、主人公が題名通り結婚するのです。主人の伯爵の束縛から逃れて自らの恋を成就する。その物語にも軍国テイストが見て取れないわけでもありません。一七八一年にヨーゼフ二世が出した農奴解放令が連動しているでしょう。封建領主から農奴が自由になり、結婚等も自由にできるようになる。これがヨーゼフ二世の農奴解放令であり、人々を抑圧的支配構造から自由にしようとする啓蒙君主らしい先進的政策と評価されています。

確かにそういう面があるのですが、軍国主義者、ヨーゼフ二世の眼から見れば、人々を自由にして職業選択も自由にできれば、軍人兵士の成り手も増えるという観点がそこにはあることになるでしょう。軍隊の充足のためにも、ちょうどその頃から始まった産業革命が進む中で工場労働者を確保するためにも、要するに富国強兵を推し進めるためには、農民を田舎に囲い込んで、領主の個人的都合でどうとでもできるなんて前近代的制度は廃棄されねばならない。愚の骨頂である。だから農奴解放なのです。

モーツァルトは、そういうヨーゼフ二世と波長が合っていたところもあるのでしょう。彼は実際、一七八七年にハプスブルク家の宮廷音楽家として報酬を受けるようになります。ヨーゼフ二世はアントニオ・サリエリのようなイタリア人音楽家が大切だけれど、その一方で、自国人の音楽家を登用する熱意を持っていたでしょう。軍隊で外国人の比率を下げ、自国人の比率を上げたいというのと、サリエリとモーツァルトの問題はパラレルなのです。軍隊でも音楽家の世界でも、そこにしばしば軋轢《あつれき》が生ずるのです。

プロイセンの軍隊がなぜ強く、ハプスブルク帝国の軍隊がなぜ弱かったのか。外国人の比率の問題があり、そこには言語が直結します。ハプスブルク帝国の版図はもともと多民族的であり、言語の統一を欠く。そこにさらに外国人が入れば、もっと統一を欠く。指揮系統や意思の疎通に混乱が生じやすい。それでは効率が悪く、勝ち目が減ずる。

ヨーゼフ二世は言葉にナーヴァスでした。作曲家にも自国人を増やして、オペラなどもドイツ語にしたらいい。そこから愛国心も生まれ、自国民から兵隊志願者が増え、傭兵に頼らずともよくなる、新しい国家が生まれる。

ゆえにモーツァルトのオペラも『フィガロの結婚』や『ドン・ジョヴァンニ』はイタリア語ですけれど、マリア・テレジアの死のあと、ヨーゼフ二世がドイツ語を一段と推奨するようになった一七八二年に『後宮《こうきゅう》からの誘拐《ゆうかい》』を、そして九年後の一七九一年には『魔笛《まてき》』をドイツ語で書くのです。そこにはヨーゼフ二世のドイツ語推進の夢が反映してもいるでしょう。

トルコ行進曲の世界

ところで、ヨーゼフ二世は、一七八七年、新しい本格的な戦争を起こしました。墺土《おうと》戦争です。ハプスブルク帝国は、北ではプロイセンと対立していましたが、南にも敵がいました。オスマン帝国です。要するにトルコ。日本での伝統的漢字表記は土耳古。それで墺土戦争です。

トルコと言えば、モーツァルトでしょう。ピアノ・ソナタ第一一番イ長調に含まれる「トルコ行進曲」（第三楽章）です。一七八三年の作曲とも言われています。

文句なく有名曲ですね。「チャカチャカチャン、チャカチャカチャン、チャカチャカ・チャカチャカチャカチャカチャン、チャーラ・チャッチャッチャッチャッ・チャッチャッチャッ・チャッチャッチャッチャッチャッチャッ・チャン」というやつです。「トルコ行進曲」というくらいですから、当然、トルコ風の行進曲ということで、しかもトルコの民間の楽しい踊りとか、素朴なお祭りとかでの行進ではなく、軍隊行進曲のスタイルが意識されています。

モーツァルトだとヴァイオリン協奏曲第五番イ長調（一七七五年）も「トルコ風」と呼び習わされています。こちらは、第三楽章の途中でトルコ軍楽の曲調になるので、「トルコ風」なんですね。オーケストラの弦楽器の弦を、弓で普通に奏でるのではなくて、弓の木枠の部分で打楽器的に叩く。それでトルコ軍楽の太鼓を真似るのです。

モーツァルトが特にトルコ好きだったという話ではありません。実は、トルコの軍隊行進曲は、ヨーロッパの人々の長年の好みの対象であり、テレマンもグルックもハイドンもベートーヴェンも、実に多くの作曲家がトルコ風を意識した音楽を書いています。トルコまで行かなくても、オスマン帝国の支配の及んでいたバルカン半島からハンガリーまでの民俗音楽はみんなトルコ風と一括されてしまったような歴史的経緯もありますが、肝心要のトルコ風はトルコの軍楽、つまりオスマン帝国の時代のトルコでき上がり、今も伝えられるスタイルに違いありません。

ちなみに、本物のトルコ軍楽の行進曲では、『ジェッディン・デデン』という曲がとても有名です。日本では向田邦子《むこうだくにこ》脚本によるテレビ・ドラマ『阿修羅《あしゅら》のごとく』（一九七九、八〇年）のタイトル・ミュージックとして使われ、浸透しました。このマーチは日本で言うと明治時代の作品ですので、モーツァルトがリアルタイムで耳にできたわけではありません。ただし、トルコ軍楽としてのリズムや楽器の音色、メロディの特徴などは、『ジェッディン・デデン』も伝統を受けついでいると思います。

トルコ軍楽はうるさい！

はて、トルコ軍楽の特徴とは何なのか。御聞き覚えのある方には言うまでもありません。一言でいえば、うるさい！　やかましい！　卒倒せんばかりに強烈。太鼓をガンガン叩く。まさにぶっ叩く。その打楽器のリズムの上に、大音量の管楽器群が乗り、主旋律をがなりたてる。猛然猛然、また猛然。これほど暴力的な音楽は滅多にないというくらいのものです。モーツァルトのピアノ・ソナタやヴァイオリン協奏曲ではおとなしすぎる。そういうトルコ軍楽のヨーロッパでの流行は、ただ珍しいからはやって、モーツァルトも作ってみました、といった以上の、ヨーロッパの音楽の本質にまで浸透してゆく部分があったと思います。

やはり軍隊行進曲は、暴力的なものを効率よく発動させるための身体規律と音楽とが最も分かりやすいかたちで結合したものと言えましょう。商人とか旅芸人であれば、同じ移動するのでも、足を揃えてみんなで歩く必要はありません。組織的に迅速な移動やその他の行動を要求される軍隊だからこそ、足を揃えて、さっさかさっさか、みんなで歩かなければならない。そういう訓練ができていなければならない。そのために、行進のテンポとリズムが徹底され純化され、軍隊行進曲が生まれた。それはそうなのですが、具体的には近代西洋の行進曲は放っておいても西洋で勝手にできたというものでは恐らくないのです。

もっと言うと、西洋近代流の管弦楽や吹奏楽の編成は、トルコ軍楽の影響抜きには考えられないのではないでしょうか。

大音量の管楽器と打楽器類の使用。耳を聾するまでの大音響によって圧迫感を追求する音楽の発展の方向。それは、日常が大砲や蒸気機関車の大音量で満たされてしまい、それに対抗できないと、音楽らしい非日常を作り出せないということにも由来しましょうけれど、それ以上に、あまりに強烈なトルコ軍楽の生々しい模倣を、ヨーロッパとしてやらないではいられなくなったということがあるのではないでしょうか。

トルコの軍楽は、軍隊の規律正しい訓練のためのものでもあれば、軍人兵士を精神的に鼓舞するためのものでもあります。だが、それだけではありません。すべての軍楽に共通しているのかもしれませんが、トルコの軍楽は軍隊のためにだけあるのではなく、敵を威圧し、怖気《おじけ》づかせ、占領地の異民族を平伏させる目的も強くあって発達したのです。これはかなわない。こんな大音響を聴かされ続けては堪《たま》ったものではない。抵抗する意欲も萎《な》える。強圧的な音楽の極致であり、相手を屈従させるための音楽の術が赤裸々に使われている。これに対抗できなくてはやられてしまう。押し戻さなくてはいけない。押し戻すには相手よりうるさくすればよい。

怒鳴り合いみたいなものでしょう。トルコが怒鳴るなら、ヨーロッパはもっと怒鳴る。産業革命で手にした金属工業技術を駆使して金管楽器を発達させ、トルコ音楽に負けないやかましさを獲得する。それが、西洋が東洋を押し戻すこと、ハプスブルク帝国がオスマン帝国をバルカン半島から押し戻すことと重なるのです。

ロシアが黒海以南にオスマン帝国を押し戻すことでもあります。ロシアの金管楽器演奏はとてもやかましい。ロシア人が肺活量豊富だからでしょうか。それは絶対にそうでしょう。でも、それだけではなく、あまりに長い歳月、トルコと張り合って来たということも、大きな理由ではないでしょうか。オスマン帝国のやかましい軍楽隊に負けないために、どんどんうるさくなってやる。それが恐らく西洋クラシック音楽史のひとつの核心なのではないかと思います。

オスマン帝国の野望

オスマン帝国とは何か。ここで確認しておかなくてはなりません。現在のトルコの位置するあたりを中心に、中東から黒海、地中海沿岸にまで広大な版図を築いたイスラムの帝国がありました。それがオスマン帝国（一二九九〜一九二二年）です。ヨーロッパにおけるトルコ軍楽の流行は、音楽だけが平和的に伝来してきたのではなく、オスマンとヨーロッパの軍事的、政治的、外向的関わりゆえにもたらされたと言えるでしょう。

オスマン帝国は、何と言っても、東ローマ帝国を一四五三年に滅ぼした国です。威圧的な軍楽をがなりたてながら、コンスタンティノープルを陥落させました。

オスマンはヨーロッパの伝統を飲み込みきろうとしていました。ヨーロッパのキリスト教世界が東西ローマ帝国に象徴されるものなら、ギリシア的、東方教会的な東ローマの世界を頂いた後は、カトリックの西ローマ帝国の後を継いでいる世界にも触手を伸ばすのは当然でしょう。イスラム教の教義は、自らの教えをキリスト教の弱点を克服する上位の宗教と位置付けているのですから、イスラム世界がキリスト教世界を軍事的、政治的に包み込むのは、オスマンの側からすれば、とても理に適っているのです。単に力が強い弱いという問題ではない。宗教的必然なのです。イスラムの理屈からすれば。

オスマン帝国は、一五世紀のうちにバルカン半島に進出すると、一六世紀にはハプスブルク家の支配するウィーンにまで迫り、一五二九年の第一次ウィーン包囲に至ります。このときのハプスブルク家当主で神聖ローマ皇帝はカール五世。マルティン・ルターがカトリックに反旗を翻《ひるがえ》し、プロテスタントが勢力を増して、神聖ローマ帝国内での宗教的分裂と対立に収まりがつかなくなっていた頃。オスマンとしては狙い目でした。軍事科学技術の面でも、この頃のオスマンはヨーロッパ・キリスト教世界に優越していたと言ってよいでしょう。

ところが、第一次包囲は失敗に終わりました。オスマンはウィーンを陥落させられませんでした。後のナポレオンのモスクワ侵攻の失敗劇にも似ているかもしれません。オスマン帝国軍はラクダで荷物を運んでいる。暑く乾いた土地の仕様の軍隊なのです。それなのに、ウィーンを包囲した季節はもう寒かった。雪が降ってきた。補給も保てない。戦意は衰えます。

オスマンは包囲を解き、退却し、ハプスブルクのウィーンは生き延びました。しかし、このときのオスマンの大侵攻で、バルカン半島もハンガリーの広い範囲もオスマンの支配下に入り、神聖ローマ帝国はそれを奪還する力を持ちませんでした。

オスマン帝国はヨーロッパの内側に入り込み、キリスト教世界とのフロントを作って、対立を深めたり、適度の戦争をしたり、緊張を緩和したりを繰り返しながら、総じては膠《こう》着《ちゃく》した状況が長く続いてゆきます。オスマンは、ヨーロッパを軍事的に支配する野心を捨てず、押したり引いたりを繰り返しながら、再びの大進軍のときを待っていたと思ってもよいでしょう。

もっとも、オスマンにとっては、地中海と北アフリカという商圏と、緩衝地帯としてのバルカン半島があれば、かなり十分で、寒冷なヨーロッパの土地にそれほどの魅力を感じなくなっていたのかもしれません。雪が積もるようでは、風土が違い過ぎるのです。

オスマン、ウィーンを包囲する

とはいえ、チャンスがあれば、その気になる。ハプスブルク帝国を滅ぼせたら、オスマン帝国はイスラムの世界帝国をいよいよ樹立できるかもしれない。ヨーロッパにもっと深入りし、ドイツやイギリスにまで手を及ぼせるかもしれない。夢は膨らむ。

一六八三年、一世紀半ぶりにハンガリーの先へと深入りし、再びウィーンを包囲します。第二次ウィーン包囲です。ウェストファリア条約が結ばれ、三十年戦争が終わった一六四八年から三五年後のことでした。長い戦争と神聖ローマ帝国のまとまりの事実上の崩壊によって、ハプスブルク帝国は弱体化していました。ハンガリーではプロテスタントによる反乱が起き、オスマンにとっては、神聖ローマ帝国が宗教改革で揺れていた一五二九年同様の、恰好《かっこう》のタイミングと言えます。

この戦争は一六八三年にいきなり始まったのではありません。既に一六六〇年代から、オスマンはハンガリーでの攻勢を強めていました。

ハプスブルク帝国は三十年戦争以来、なお対立するフランスを西に控えているので、東のハンガリーやその先の今日のルーマニアのエリア、そして南のバルカン半島方面に十分対応しきれません。

フランスはキリスト教の宗派で言えば、カトリックの国ですが、スペインおよびハプスブルク帝国とは、これはもう宗教の問題でなく、ヨーロッパの大国同士の地政学的水準において対立する関係にあったので、三十年戦争でもフランスは神聖ローマ帝国内のプロテスタントの側についていました。フランスは、オスマン帝国に利するように行動し、ハプスブルク帝国を青ざめさせることにも躊躇《ちゅうちょ》はありませんでした。

これぞリアリズムです。三十年戦争後のハプスブルク帝国には、フランスとオスマンの両方と同時に張り合うのは無茶であり、本気でそうなれば、滅亡のほかありませんでした。

さて、オスマンは、一六世紀のうちに、ハンガリーのおよそ三分の二を手中に収めていました。ハプスブルク帝国の力不足をよいことに、一六六〇年代、残るオーストリア寄りのハンガリー西部を切り崩しに行ったわけです。

オスマンの側に付くハンガリー貴族も居れば、ハプスブルク帝国に対して反乱を起こす、プロテスタントのハンガリー貴族も現れました。一六八三年にオスマン帝国が大軍を整え、ついに久々にウィーンへと押し出したのは、ハンガリーの反乱勢力を支援するという大義名分を得てのことでした。

ハプスブルク帝国は、ウィーンの要塞化を進めて、首都の守りは堅いと言えば堅いのですが、守り切れる保証はありませんし、ましてや、衰えた国力では、オスマンの大軍に対して打って出て、ハンガリーの向こうに押し戻すなんて真似はほぼ間違いなく無理という情況でした。

オスマン、ウィーンを楽します

そのとき、ハプスブルク家の当主で神聖ローマ皇帝だったのは、レオポルト一世でした。彼は自らも優れた作曲家であり、宮廷には、ハインリヒ・イグナッツ・フランツ・フォン・ビーバー、ヨハン・ヨゼフ・フックス、ヨハン・ハインリヒ・シュメルツァーといった当代一流の音楽家たちを擁《よう》した皇帝です。

レオポルト一世は、自力のみで戦っていては亡国あるのみと、ウィーンを抜け出してバイエルンにたどり着き、キリスト教世界の諸国諸邦に援軍を募ります。ハプスブルク帝国だけでは如何《いかん》ともしがたいと、積極的に触れ回ってしまうのですから、帝国の体面も何もあったものではありません。が、この捨て身とも言える外交が功を奏しました。

懐かしの十字軍の気分をみなに蘇らせたところもあったのでしょう。カトリックとかプロテスタントとか言って争っている場合ではない。これはヨーロッパの危機である。カトリックのポーランド国王やバイエルン選帝侯、プロテスタントのザクセン選帝侯らが連合軍をなして、ウィーンを救援します。ウィーンは城塞をだいぶん破壊されて、陥落寸前であったともいいますが、特にはポーランド軍の勇戦によって、オスマン帝国軍のウィーン包囲網を粉砕し、総崩れに

レオポルト一世

し、殲滅戦に成功します。

　このあとも十字軍的高揚は続きました。ローマ教皇の号令によって、反オスマンの諸国同盟が長く機能し、大トルコ戦争（一六八三～一六九九年）が始まります。ヨーロッパの地からオスマンを追い落とすことが意図されました。一六年にわたる戦いはヨーロッパの優勢のうちに幕が引かれ、一六九九年の講和条約で、オスマン帝国は、長年支配してきたハンガリーの中部や東部、トランシルヴァニア、ダルマチア、ポドリアなどを手放すことになりました。バルカン半島や黒海の北方の一部を喪失する羽目に陥ったのです。拡張を続けてきたオスマン帝国が、劣勢、守勢に回った瞬間でした。

　ならば、どうする？　オスマン帝国としては、ヨーロッパの軍事侵略路線をとりあえずもう無理そうだと、修正をはからなくてはいけなくなります。力で圧迫しておしのけるのではなく、共存、棲《す》み分《わ》けを目指す。時代の転換です。戦争よりも外交。オスマン帝国は外交使節をヨーロッパ各地に派遣するようになります。

　外交使節には、トルコの軍楽隊がついてくるのが常でした。外交儀礼の中で、軍楽隊がトルコの特徴的な軍楽を演奏する。ヨーロッパの人々のあいだにトルコ風の音楽が流行り、トルコ風と称する創作が盛んにされるようになる所以《ゆえん》です。

ヨーロッパに生きる者にとっては、一七世紀までは、オスマンの軍楽はまさに侵略者が奏でる音楽であり、恐怖の対象でした。それが次第に生々しい脅威から、単純に楽しめ、身体的な高揚をもたらすエキゾティックな音楽、オリエンタルな音楽に化けてくる。コーヒーを呑《の》んでトルコ風の音楽を楽しむ。そういえばウィーンのコーヒー文化の発祥は、第二次ウィーン包囲に失敗して敗走していったオスマン帝国軍が遺棄していった膨大なコーヒー豆をウィーン市民が楽しんだことに求められるという話もあります。

このような経過を経て、モーツァルトがトルコを舞台にしたドイツ語オペラ『後宮からの誘拐』を作り、トルコ風のマーチが登場するピアノ・ソナタやヴァイオリン協奏曲を書くということにもなるのです。

墺土戦争とモーツァルト

といっても、オスマン帝国がもはや脅威でなくなったということは、ちっともないのです。モーツァルトの時代にまで下っても、バルカン半島の多くの部分を依然として支配し、ハプスブルク帝国と常に緊張をはらんで対峙《たいじ》し続けているのが、オスマン帝国なのですから。何しろこの帝国は二〇世紀まで続く。一七一〇年代にも一七三〇年代にもハプススブルク帝国と戦争をしています。そして、モーツァルトの時代、ハプスブルク帝国のヨーゼフ二世は、オスマン帝国とまた新しい戦争を始めたことは既に触れました。一七八七年からの墺土戦争です。

当時、ハプスブルク帝国はロシアと軍事同盟を結んでおり、ロシアが戦えば、ハプスブルク帝国はそれを助けることになっていました。ロシアは、オスマン帝国の版図に組み込まれてきたクリミア半島を、一七七〇年代から実効支配し、半島の要衝《ようしょう》、セヴァストポリを要塞化し、一七八三年にはクリミアの領有を正式に宣言しました。それを脅威としたオスマン帝国は、ロシアに戦争を仕掛けます。一七八七年からの露土《ろと》戦争です。

ヨーゼフ二世はロシアとの同盟を盾にとり、この戦争に乗っかりました。バルカン半島におけるオスマン帝国の勢力圏をこの機会に切り崩しに行ったのです。そのための軍国主義。ヨーゼフ二世もバルカン半島に出向いて、陣頭指揮に当たりました。

モーツァルトが、壮麗な軍隊行進曲調の第一楽章を持つ交響曲第四一番『ジュピター』を書いた時期がいつだったかを、ここで改めて思い出してください。第四一番の完成は一七八八年の八月一〇日。露土戦争と、モーツァルトゆかりのヨーゼフ二世自ら采配を振るう墺土戦争の真っ最中なのです。そんなタイミングで作られる軍隊行進曲調の交響曲が戦争の産物とまでは言わないまでも、無関係と考えるわけにもゆかないでしょう。

墺土戦争に懸けるヨーゼフ二世の情熱は、並大抵ではありませんでした。動員された兵士は二五万人に及ぶという統計があります。ヨーゼフ二世の軍国主義が育てた軍隊はそれなりに精強で、オスマン帝国軍に戦場ではしばしば優位を示しました。

ところが別の敵がいたのです。一七八八年のバルカン半島には伝染病のマラリアが流行しました。ハプスブルク帝国軍の一七万人が罹患《りかん》し、三万人が死亡したとも言われます。正確な数字だとすると、とてつもない犠牲です。

ヨーゼフ二世もウィーンに病を得て帰ってきました。そのまま体調は戻りません。フランスでは大革命が勃発《ぼっぱつ》し、ヨーゼフ二世の妹、マリー・アントワネットは一七九三年に断頭台の露と消えることになります。フランスの革命にどう処するか。墺土戦争をいかに終わらせるか。答えの出ないうちに、一七九〇年二月、ヨーゼフ二世は逝きました。

モーツァルトが世を去るのは翌年の暮れです。そのとき墺土戦争はハプスブルク帝国にたいした益ももたらさずに終わっていました。

第二章　フランス革命とベルリオーズ

虚無と狂乱の『幻想交響曲』

エクトル・ベルリオーズというフランスの作曲家がいます。一八〇三年生まれ。一九世紀の西洋クラシック音楽の革新者として、その名は圧倒的な輝きを今日も放っています。ベートーヴェンの次の時代を切り開いた音楽家ということになり、本書ではベートーヴェンの話もしたいのですが、ベルリオーズからフランス革命に遡るかたちで、ベートーヴェンよりも先に触れさせてください。

ベルリオーズの出世作は『幻想交響曲』。一八三〇年の暮れ、パリで初演されて、会場に興奮を巻き起こしました。とにかく刺激的。一八三〇年というと、ベートーヴェンの交響曲第九番がウィーンで初演されてから六年後ですけれども、管弦楽の表現力、描写力が、その時代の演奏会用音楽としては突出して新しく感じられたのです。音響効果が凄い。オーケストラがうるさい。オーケストレーションに工夫が満ちている。管楽器と打楽器に、新鮮な取り合わせとカラフルな効果がある。しかも題名がファンタスティックなサンフォニー（シンフォニーのフランス語読み）である。妄想に満ちたストーリーを、オペラやカンタータと違って言葉や声楽抜きで、バレエでもないから踊りも抜きで、オーケストラの音響だけで展開してみせる。作曲家の用意したプログラムの文章にちらとでも接していれば、音だけ聴いていても、おはなしがよく追える。

そのときまでの音楽にもないことはない趣向ですけれど、繰り返しになりますが、オーケストラのヴォリュームと色合いのレベルが違うのです。音に呑まれてしまう。ものすごくたくさんの音色がオーケストラの諸楽器から紡《つむ》ぎ出《だ》される。管弦楽だけ、楽器だけで、至極長大なバラードを奏でることが可能であると、聴き手は思い知らされたのです。

むろん、ベートーヴェンにだって交響曲第六番『田園』のような観光旅行映画とでも形容できるシンフォニーも既にありました。しかし、ベルリオーズの物語はそういう正気の世界とは違いました。狂気があった。それを、狂乱の極みとしか言いようのない大音響（第五楽章「サバトの夜の夢」がとりわけそうです）から、その逆の虚無的な裸の細い響き（第三楽章「野の光景」でのコール・アングレやオーボエの剝き出しのさみしい音色のことを申したいのです）までを駆使し、ダイナミックレンジをとても広くして、聴く者のあらゆる耳の想像力を掻《か》き立《た》ててやまない具合に表

ベルリオーズ

現したのです。

このあと、ベルリオーズは長生きしてたくさんの作品を書きますが、楽想の豊かさと、それをかたちにする具体的な管弦楽法のアイデアのほとばしり方において、この『幻想交響曲』を凌ぐ曲は、なかなか見つからないでしょう。ベルリオーズのイマジネーションは、まだ二〇代だった一八三〇年に、それまでの音楽習練あってのことですけれども、とにかく爆発してしまいました。

ロマン派音楽としての『幻想交響曲』

では、『幻想交響曲』とはどのようなおはなしを音楽にしているのでしょうか。政治性や社会性や歴史性は、表向き、排除されています。『幻想交響曲』はロマン主義的交響曲の元祖とも称されてきましたが、ロマン主義とは自我の肥大がもたらす夢や妄想と結びついています。ロマンティックな空想に支配された世界がロマン主義の世界なのです。そのロマン主義的精神は、一八世紀の啓蒙主義や一七八九年からのフランス大革命ともつながっています。

大革命のスローガンは、何しろ自由と平等と友愛でしょう。自由とは何にも拘束されず何でもできるということです。誰しも平等に自由になれる権利を与えられている。天賦《てんぷ》人権の思想です。

とはいえ、「おまえは自由だ、何をしてもいいんだ」と言われて、裸で森に放置されても、困るでしょう。人間はひとりでは無力だ。もともと動物としてはライオンや虎や熊に優る能力を与えられているとも言えない。フランスの啓蒙思想家、モンテスキューが想定したように人間は弱い。何でもできると言われてもどうしたらいいか分からない。立ちすくんでしまう。しかし突破口がある。友愛です。人と人が愛し合い、社会を成して、共同作業すれば、ひとりひとりの求める自由が達せられる確率は高まるだろう。自由は個人主義を求めるようだが、現実には反転して社会的になる。自由を求めると友愛に走る。仲良くしたいと思う。一種の逆説です。でも人間個人が全知全能でない限りはそうなるのです。

いや、突破口はそれだけではありません。一八世紀から一九世紀へ。科学技術の大発展の時代です。人間のできることは飛躍的に増えてくる。個人にも複数人にも、もっと大きな集団にも、自由の可能性は開かれる一方だ。自由は日々に新たなり。楽器の性能も上がる。新しい楽器も考案される。オーケストラの鳴りはよくなってゆく。人数も多くなり、音も大きくなり、演奏技術も高まる。作曲家の夢想も現実化しやすくなる。新しい現実が次の夢想をひきだす。どんな音でも出せるのではないか。もっとうるさい音も鳴らせるのではないか。刺激を、興奮を高められるのではないか。だいたいクリエイターの想像力は、現実の土俵をはみ出して、先走ります。そうでないとクリエイトにならない。ベルリオーズは先走る人でした。求める作曲家の自由が先進的すぎて果たせないことも出てくる。壁にぶつかる。そこでなお遮二無二《しゃにむに》していると狂気に陥る。ロマン主義が急進化すると、現実とのバランスを調整できなくなって、壊れてしまう。

ベルリオーズの『幻想交響曲』は、そうした革命的ロマン主義の精神をいくつかの次元を重ねて、まさに複層的に表現しているのでしょう。

ロマンティストの自己暴露の儀式

ベルリオーズがこの曲に用意した物語は愛です。

『幻想交響曲』には主人公が居る。ロマン主義は肥大する自我が基本ですから、明確な主人公が居ないと、ロマンティックな物語は編みにくいものです。話者の問題ということです。誇大妄想的な自分語りこそ、ロマン主義の花道なのです。『幻想交響曲』はそうした要件を完璧に満たしております。

『幻想交響曲』の主人公は、ひとりの青年芸術家です。その男はけっきょくベルリオーズ本人なのです。『幻想交響曲』は作者がロマン主義的主人公を巧みに創造するのではない。ロマン主義的精神の権化《ごんげ》としての作者の自己暴露の形式をとっている。ロマン主義者本人の赤裸々な告白です。凄みが違う。説得力が違う。

ですから、物語は本当にベルリオーズの物語なのだと考えてよいでしょう。ベルリオーズの分身と言える若い芸術家は、さて、物語の世界で何をするか。先に申したように、愛するのです。でも友愛ではありません。みんなと仲良くしてよりよい自己実現の環境を作り出そうというのではない。ロマンを社会化しつつ実現し、おのれの夢をかたちにしようとするのではない。特定の女性との恋愛です。何やら週刊誌的ではありませんか。

若い芸術家は理想の女性を見いだす。女優です。理想的存在との愛の成就は、ロマン主義の好む物語です。理想とはしばしば手が届かないものです。しかしそこに届かせようとする。それが人間の自由の最大の発露です。ロマン主義の夢のひとつの究極的実現です。自由は、自由であるから理想を手に入れられるというポジティヴな自由に発展しなくては意味がありません。ロマン主義者はその方向に自らを無限に拡張しようとするのです。理想の恋愛対象を手に入れるために。

ところが、そこで失敗したら？　欲しいものに、どう七転八倒してもついに手が届かないのなら、それはロマンが現実と乖離《かいり》しすぎたということ。手に届かないものに憧れ続ける、不可能性に包まれたものに思いを寄せ続けるのがいわゆる「遠距離思慕」としてのロマン主義の真骨頂とも言えるのですが、そんな心映えを貫くということは、いつか手に入るかもしれないという淡い期待を内に秘めながら我慢し続ける分別を有してその境地から揺らがないということですから、情熱なきロマン主義ということになります。ロマン主義が情熱と不可分だとしたら、そこに矛盾が生じます。でも、この矛盾を矛盾のまま滞留させてしまうマジカルな精神のありようが、ロマン主義の範疇《はんちゅう》にはあって、それは憂鬱《ゆううつ》と呼ばれるものです。ずうっと憂鬱。哀愁のロマン主義者。それはそれで何だか素敵という気もしませんか。私は、映画俳優、鶴田浩二の晩年の人相がそこで思い浮かぶのですが。鶴田と対置される、突き進んで壊れてしまうロマン主義者の人相は、もちろん三島由紀夫に尽きます。

閑話休題。情熱あるロマン主義は、自我を自信というはかない力で肥大させ続けながら、目標を情熱的に抱きしめたくてたまらないものなのです。不可能性には耐えられない。可能性に賭ける。まるでダメなら壊れる。崩壊に向かう。狂気の域に入ってゆく。『幻想交響曲』のロマン主義も、その種の悲劇へと突き進んでゆきます。友愛を得られず、協力者を得られず、恋愛を得られず、伴侶を得られず、自由を自由たらしめる能力を欠いた、無力な立場に追い詰められていく。自由であるはずなのに、やりたいことが成就しないなら、その自由は名ばかりで、実は単なる不自由なのです。ロマン主義者を死に至らしめるのに、じゅうぶんな動機になります。そして、このパターンは、ロマン主義者にはとてもありがちなことなのです。何しろポジティヴで前向きなロマン主義者は情熱の塊であって、先走るのが仕事みたいなものなのですから。先走れば先走るほど、現実との乖離を修正しきれぬまま、自己破壊に至る可能性は高まるのですから。

『幻想交響曲』の物語は、そのパターンを辿ってゆきます。女優への恋愛感情は片思いの妄想からほとんど展開しない。主人公は孤独に陥り、世をはかなんで、自我と世界との明確な境界線を失い、大自然の中で茫洋《ぼうよう》としてくる。そして音楽は幻想交響曲というよりも、幻覚交響曲か妄想交響曲の様相を呈していきます。夢の中で、主人公は、自分の手がついに届かず、自分のものにどうしてもならない理想の女性を殺害する。幾ら思い詰めても得られないものを、本当に永遠に得られなくするために滅する。殺すということです。

幻滅の清算であり、非力なロマンティスト、相手をものにする術を持たない、無力の自我への罰とも、解釈できるでしょう。殺される方は堪ったものではありませんが。

ギロチンへの行進

無限の力を手に入れて夢を現実に引き寄せることに失敗したダメなおのれへの罰を、『幻想交響曲』は、とても劇的な音楽として第四楽章に具体化します。タイトルは「断頭台への行進」。女優を殺した罪で逮捕され、断頭台に首を懸《か》けられ、死刑になり、首が転がるのです。作曲者のプログラムをかなりパラフレーズしつつ引いておきましょう。

「芸術家は夢の妄想の中で愛する女性を殺戮《さつりく》する。彼はその罪で捕まり、死刑を宣告される。死刑は断頭によって行われる。彼は断頭台へと曳《ひ》かれゆく。彼を断頭台に導くのは行進曲である。行進曲はやかましく殺伐としたり、荘厳《そうごん》かつ華々しくなったりする。行進曲に乗せられて、鈍重な足音が断頭台に近づいてゆく。足音に切れ目なく決定的な響きが鳴る。首が落ちる。なおやまぬ愛の思いが、第一楽章から現れ続けている理想の女性を表す旋律の登場によって示されるが、それは一瞬のことだ。芸術家は死ぬ」

そう、この楽章は、太鼓が連打され、金管楽器が強奏される、暴力的な行進曲として書かれています。断頭台による死刑執行の情景ですから、軍隊そのものが現れるわけではありませんが、警察や刑吏《けいり》の暴力の表象ですから、暴力性を核心とする公権力として似たようなものでしょう。

『幻想交響曲』はそこで終わるか。そうではありません。次の第五楽章まであります。死刑になって地獄に堕《お》ちたのか、それとも亡者としてこの世でなお迷っているのか。どうせ妄想なのでどうでもいいのですが、青年芸術家は魔女たちの宴《うたげ》に参加します。そうしたら、そこに憧れの理想の女優が、恐ろしいなりをして、混じっている。魔女だったのか！思いを遂げられず、相手を殺し、自らを罰したつもりでいたら、そもそも彼女は魔女だったのです。

としたら、絶対なるものへのロマンティックな思慕の方向性からして間違っていたのかもしれない。すべては迷妄であった。恋愛の誇大妄想はそもそも対象を間違っていたのか。これはロマン主義の破産です。御膳をひっくり返して、めちゃくちゃになって、大音響のカオスが渦巻く騒乱状況の中、第五楽章は終わります。

このように、物語的には露悪趣味の極致。何も実現できない男が妄想のブラックホールに吸い込まれてゆく。ロマン的空想の無力の果ての断末魔の悲鳴のような交響曲です。けれども、その交響曲を作る作曲家としては、ロマン的幻想を現実の音響から乖離させずに、ほぼ完全にオーケストラでリアルに鳴らすということを実現している。そこに『幻想交響曲』の面白みがありましょう。愛の夢の破産の物語は、オーケストラ音楽の新たな夢を見事に実現しているからこそ、傑作として描かれ切っている。

ベルリオーズの恋愛感情ははけ口なく行き詰まり、自由な精神の持ち主のつもりのベルリオーズは、不自由の極みに追い詰められているのですが、そんな心的世界を巨大管弦楽で描き尽くせる自由な音楽的能力の持ち主のつもりのベルリオーズは、実際にも最先端を行く自由人として、精密無比な譜面を書き上げて、ロマン主義芸術家の不可能を可能にし、世界を自由に表現する全知全能的理想郷にまで到達してしまっている。そういう具合なのです。精神のロマンの破産と音楽のロマンの具現を対にし、精神の誇大妄想の内向と狂気を、音楽の誇大妄想の外向と正気によって実現している。とてつもない作品ではないでしょうか。

なぜパリの聴衆は熱狂したか

ところで、先に述べたように、この交響曲は一八三〇年にパリで初演され、受けに受けました。その中で、どの楽章がとりわけ評判を呼んだか。やはり第四楽章でした。演奏効果抜群の、暴力の狂熱を孕《はら》んだ行進曲「断頭台への行進」です。

といっても、聴衆は、ベルリオーズという若手作曲家の個人的妄想を連ねたかのようなストーリーにロマンを覚えて感服したわけでは、恐らくないでしょう。名もない青年芸術家が女優との恋に破れて、殺人を犯し、ギロチンで死ぬ。そんな作り話なんて、ほとんどどうでもいいではありませんか。

それでも、多くの聴衆は「断頭台への行進」に興奮した。軍隊的で暴力的な行進曲は、軍人兵士に限らず、聴くすべての人々の身体に集団の規律を刷り込み、陣形や隊列の保持の習慣を教えるとともに、死の恐怖を忘れさせるほどに高揚させる効果を期待されて、オスマン帝国でもヨーロッパでも発展した楽曲のタイプです。その系譜に連なり、しかもティンパニの派手な打ち込みや壮麗なファンファーレを入れ込んで、演奏効果の極限を探求した「断頭台への行進」が、ベルリオーズの用意したストーリーを抜きにしたところで、大きな喚起力をもって独り歩きしても当然です。

だが、それだけではないと思います。問題は初演が一八三〇年の暮れだったことです。音楽のプログラムをあくまで私のロマン主義にゆだねる姿勢をとった作曲家にとっても、パリの聴衆にとっても、一八三〇年がきっと重要だったのです。その年に起きたことがもしもなかったら、そもそもこのタイミングで『幻想交響曲』が書かれたでしょうか。一八三〇年の出来事。それは七月革命です。

自由・平等・友愛

一八三〇年の七月革命を知るには、やはりフランス革命史を本当に駆け足でも眺めておく必要があるでしょう。

一七八九年七月一四日、フランス大革命はバスティーユ監獄の襲撃と共に始まりました。ブルボン王朝は戦争をし過ぎ、国家財政は危殆《きたい》に瀕して、それを切り抜けようと、王家は課税を免れてきた教会や貴族に負担を求めようとする。教会や貴族は負担を免れたい。王の権力を抑制しようとする。そのためには、イギリスのように立憲君主政にして、王の勝手を憲法で阻止すればよい。しかし、身分制社会を守るフランスも、だいぶん近代化が進み、思想も経済も進み、都市部でも農村部でも、市民、民衆の力はもはやあなどれない。王側も教会・貴族側も、政治に市民を参加させ、味方につけようとする。これが藪《やぶ》蛇《へび》だったとも言える。民衆を制御できなくなる。急進的な革命を招きます。民衆の大規模な暴動、騒乱。火がついてしまえば、軍隊や警察をもってしても容易には止められません。秩序はたちまちひっくりかえりました。

どうひっくりかえったのか。フランス大革命と言えば自由と平等と友愛の三つの理想が旗印。そう観念されますが、実際はそう単純なものではありません。確かに自由と平等の理想を高らかに歌い上げる「人権宣言」は革命勃発翌月の八月に国民議会で採択されますけれども、それはあくまで「宣言」であって、憲法や法律ではなく、革命を大まかに方向付けるものではあっても、具体的効力は有しませんでした。そこから先は四分五裂だったのです。

ルイ一六世を立憲君主にしてそのもとでの民主政治を執り行おうとする人たちも、王の制度も貴族の制度も廃止して、アメリカ合衆国のような共和主義の実現をはかる人たちもいる。経済的には、ブルジョワ資本主義の推進を目指す立場もあれば、社会主義を理想とする立場もある。同じ自由といっても、最大多数の国民が人間らしく自由に生きて行く人権を重視する者もあれば、悪い言い方をすると功利主義的で私利私欲を追求し弱肉強食を肯定する自由主義者もいる。同じ平等といっても、法の下での権利の平等の主張者も、社会的な機会の平等の主張者も、経済的な分け前の平等の提唱者もいる。

さまざまな勢力が離合集散を繰り返し、ルイ一六世とマリー・アントワネットの夫妻も、立憲君主政治という選択肢のために生かされ、革命後の国民議会でも大きく支持されている。フランス革命が始まって、しばらくはそうでした。

革命は輸出可能！

ところが、混乱するフランスをより一体化してより過激にする時期が訪れます。フランス革命はフランス一国にとどまるものではない。啓蒙主義に育てられた政治や社会や経済についての思想を持っている。自由や平等、資本主義や社会主義について議論は絶えなくて、王と教会と貴族と豊かな市民と貧しい民衆とのもめ事も収まりようのないのが、革命の現実ではあるけれど、とにかくフランス革命を支える諸思想は、民族や国家の唯我独尊《ゆいがどくそん》主義ではないのです。フランスだけで実践しうる何かをお題目に唱えているのではない。アメリカ合衆国の独立と同じで、革命に込められている理念はあくまで普遍的。フランスのみに適用しうる特別な理想を謳《うた》っているのではない。

ということは、革命は世界に広まりうる。革命は輸出可能。フランスの周囲の国々は戦慄《せんりつ》します。皇帝や王や貴族や教会は枕を高くして眠れなくなる。ハプスブルク帝国とプロイセン王国も犬猿の仲とは言っていられなくなる。喧嘩していられるのは王や皇帝の地位が守られてこそなのですから。

しかし、ハプスブルク帝国は、一七八九年に大革命が勃発しても、マリー・アントワネットをブルボン王朝に送り込んで協調外交を展開していたフランスに、本格的なリアクションがとれないでいました。とりたかったのですが、身動きのしようがなかった。ヨーゼフ二世が始めた墺土戦争が継続していたからです。その間、ヨーゼフ二世は、墺土戦争で陣頭指揮をとった際に得た病（マラリアだったのかもしれません）が治らず、体調を崩しっぱなしとなり、逝ってしまいました。その戦争が、けっきょくハプスブルク帝国に大した利をもたらすことなく終わったのは、一七九一年八月四日のことです。大革命勃発から二年が過ぎていました。

同月二七日、ハプスブルク家を兄のヨーゼフ二世から継承したレオポルト二世（彼はマリー・アントワネットの兄でもあるわけですが）と、プロイセンの王を伯父のフリードリヒ大王から継承していたフリードリヒ・ヴィルヘルム二世が、ザクセンのピルニッツ城で会談し、いわゆるピルニッツ宣言を発します。ルイ一六世を救い、フランスを旧秩序に復させるために軍事行動を辞さないとする内容です。これは威嚇《いかく》的ポーズというべきで、両国にはその段階では実際にフランスに軍事干渉する準備はほぼなかったのです。

愛国心は外敵に向けて生ずる

そのときのフランスでは、ルイ一六世は立憲君主への転生を期待されていました。そのタイミングでのピルニッツ宣言は、フランスでの立憲君主政治を認めないという、大陸の旧秩序国家からの強いメッセージとみなされました。革命の方針を巡って混乱し続けていたフランスは、途端にナショナリスティックな緊張感に包まれます。愛国心が高揚します。発展途上の革命を外国に潰されてしまうかもしれない。

しかもその愛国心は、共和政治に向かう愛国心です。ハプスブルクもプロイセンも、ブルボン王家を守るために革命を潰すと言っている。そう理解せざるを得ない。一七九一年の段階では、フランス革命の方向は立憲君主政治に落着するかに見えました。でも、フランスの周囲の敵は、立憲政治ではない君主の強権政治の復活を望んでいるらしい。そのために軍事干渉してくるのだという。とすれば、もはや中途半端な立憲君主政治にこだわるべきではない。君主を認めるのが旧体制で、君主を認めないのが新体制。白黒はっきりつけないと、外国の干渉に抗するための全国民結集の総動員体制は確立しえない。君主もいいけれど、自由と平等の民主主義もいいわね。そんな態度をとるフランス人がたくさん居ては、玉虫色になってしまう。君主にどの程度の権力を認めるかという話を前提にしてしまうと、旧体制擁護派のつけいる余地を増やし、外国に切り崩されてしまう。

　そこではやはり、マリー・アントワネットの存在が利いてしまっていたでしょう。マリア・テレジアが、フランスをプロイセン支持の立場から引き離そうとして、対仏融和・友好路線に傾き、その最終兵器として送り込んだ嫁が、フランスの民衆にブルボン王家を、フランス国民の象徴であるよりも、外国の手先のように見せてしまう。国際的な王家のありようが、国民国家形成の流れと明らかに平仄《ひょうそく》の合わなくなったのが、一七九一年からのフランスでした。こうした回路がぐるぐる回り、フランスは外国に干渉されることで、かえって革命を過激にしていったのです。

マリー・アントワネット

　ピルニッツ宣言の翌年の一七九二年、本当に戦争が始まります。ハプスブルクもプロイセンも振り上げたこぶしは下ろせない。脅しだけではなく本当に戦争をすることになる。新体制か、旧体制か。やるかやられるかだ。戦争はフランス革命戦争と呼ばれ、それが切れ目なしに、ナポレオン戦争へとつながってゆきます。一七八九年の革命が既に内戦でしたが、フランス革命戦争というときは、革命と反革命の国同士の戦争です。

『ラ・マルセイエーズ』

フランス革命戦争は、敵の国とは対極的な政治の形態、共和政治の理想によって愛国心を結集し、ブルボン王家の立つ瀬はいよいよ無くなります。実際、マリー・アントワネットはハプスブルク帝国に内通しており、自分の実家にフランスの軍事情報をせっせと送っていました。お妃さまはスパイだったのです。一七九二年四月、フランスはハプスブルク帝国に宣戦布告し、七月に国家非常事態の宣言がなされ、八月にテュイルリー宮殿を民衆が襲って、「裏切者」の国王夫妻は牢屋暮らしになります。

この宮殿襲撃の際、南フランスのマルセイユから駆け付けた義勇兵が歌って、たちまちパリに大流行したと伝えられるのが、軍歌であり行進歌である『ラ・マルセイエーズ』です。この歌は、しかしマルセイユでできたのではありません。フランス革命戦争が勃発した同年四月に、対プロイセン・ハプスブルクの国防の最前線になるストラスブールで、陸軍工兵大尉のクロード・ジョゼフ・ルージェ・ド・リールが兵士と民衆を鼓舞するために作詞作曲したものです。

たくさんの革命歌・軍歌が一七八九年の革命の始まりの段階から生まれて流行を繰り返していました。『サ・イラ（そりゃ行けや）』などが代表的なものでしょう。革命の暴力的な組織行動は、訓練された軍隊や警察によって行われるものではないことが多い。集まってきた民衆が即座に連帯して行うことが多い。即席で足並みを揃えて、半組織的かつ電撃的にしでかしてしまうわけです。そこでは笛や太鼓や歌がないと、最低限の水準の集団行動さえ、生み出しにくい。その意味で、フランス革命は全国に歌とマーチを氾濫《はんらん》させました。

野球場やサッカー競技場などで、知らない人と肩を組んで応援歌でも歌っていると、もしかしてこの人たちと一緒に何かができると思ってしまったりするでしょう。だいたいスポーツと戦争や革命は似たもので、人々が我を忘れて熱狂するものなのです。そのときには歌がないとうまくゆかない。甲子園球場の高校野球の応援なんて、金管楽器と太鼓と大合唱でうるさい限りでしょう。あれと同じなのです。

『ラ・マルセイエーズ』も同様なのですが、フェーズが一段階か二段階、上がったとも言えると思うのです。とりあえずの革命気分を生む、言葉悪く言えばやや適当な民衆歌のレベルから、持続的な不動の愛国心を喚起する格調高く劇的変化に富んだ歌曲へ。『ラ・マルセイエーズ』は、三〇小節近くに及ぶ、オペラのアリアか合唱曲のような起伏に富んだ歌であって、付点リズムを活かした景気のよい行進歌の調子に、人々に深い感情を内発させる聖歌の荘厳な調子を織り込んで、「行進しよう、行進しよう」というフィナーレに感極まるように持ってゆく。見事な出来栄えです。

四月にストラスブールで生まれた軍歌を、八月にルイ一六世とマリー・アントワネットをパリでつかまえるマルセイユの義勇兵が歌っている。この伝播《でんぱ》力こそ、すなわち革命のエネルギーなのです。『ラ・マルセイエーズ』はその場のノリの歌ではありません。常時臨戦態勢の国民総動員の精神を支える、革命軍歌即革命宗教歌なのです。

フランス革命と軍隊

そして、恐らく『ラ・マルセイエーズ』は革命戦争を戦うフランス軍の呪文になりました。

ここで、革命前後のフランスの軍隊について考えておかなくてはならないでしょう。プロイセン王国やハプスブルク帝国は、お互いが張り合う中で、自国の貴族から指揮官を養成し、その下で働く兵隊にも、信用がおけて、愛国心や、祖国を守ろうとする郷土愛的精神や、皇帝・王への忠誠心に富んだ自国民を増やそうとし、それなりの実を挙げました。でも、外国人の傭兵に相変わらずある程度は頼らないと、必要な規模の軍隊を整えることはできませんでした。

ブルボン王朝のフランスでも、情況は基本的には同じでした。フランスの軍事貴族と傭兵の組み合わせ。たとえばマリー・アントワネットを守っていた兵隊はと言えば、スイスの傭兵です。現代ならばガードマンを雇う感覚で、軍事的・警察的な外国人のプロが、王室を守っている。もしも日本の皇居を守る皇宮《こうぐう》警察的なものが外国人で構成されていたとしたらどうでしょう。国民国家の感覚で言えば、ありえません。裏返して言うと、立憲君主政治に至っていない王国や帝国は、国民が対等で、自国民が国家の基礎で、外国人に頼るのはおかしいという思想常識は未成立なので、外国人が皇帝や王を守るのも大いにありなのです。

フランス革命はそういう秩序を旧秩序として否定します。なんといっても「自由・平等・友愛」がスローガンですから。軍隊も平等でなければなりません。しかも、自由と平等と友愛を掲げるのは、あくまでその国に参加して国民となる人民であって、その国を守る軍隊も国民が自分の意思で、自国を守りたいと思って形成してこそ、国民の軍隊になる。特権階級の貴族が軍のお偉いさんで、その下に外国人が金で雇われているなんて論外ではありませんか。平等な権利を持って分け隔てなく自由にふるまう国民が、友愛の精神に基づいて国家や軍隊という共同体を主体的に作り出す。それが革命の思想です。

以上は建前論ですが、建前とは違う現実論もありました。建前だけでは戦争になったら勝てない。軍隊は実質的に戦えるかどうかである。素人の国民をいきなり、革命を守るために動員しても、日ごろから訓練された常備軍を備えている既成の国家に太刀打ちできるはずもない。だったらとりあえずは、革命戦争のために、フランスを守るために、外国人を雇うこともありうるかもしれない。方便です。

でも、革命直後のフランスには、仮に外国人を雇いたくなったとしても、実際にはとても雇えない事情が存在しました。つまり、革命国家の新しいフランスは、端的に言って、貧乏だったのです。

理由は簡単。大勢の貴族や聖職者が、財産をかき集めて外国へ持って逃げてしまっていました。当然です。国内に留まっていたら、特権を取り上げられてしまうのですから。財産もどうなるか分からない。殺されるかもしれない。

諸外国に亡命した貴族たちは、「早く無法な祖国をなんとかしてくれ」と泣きつきました。亡命貴族を受け入れたのは、ハプスブルク帝国やプロイセン王国、そしてイギリスといった皇帝や王のいる国々でした。そうした背景があって、ピルニッツ宣言も出るのです。

民衆の軍隊は歌うと強くなる

さあ、フランスは大変です。革命の理想を継続して追求するためには、戦争をしなくてはならない。ただでさえ貧乏なのに、戦争をするお金がどこから出てくるか。軍事貴族も大勢逃げ出してしまった。革命に参加している貴族は限られている。傭兵を雇うお金はもちろんない。そこでいきなり一般国民を集めるしかない。給金もなかなか用意できないから、義勇兵というかたちになる。これはつまりボランティアの軍隊です。

ずぶの素人を慌てて訓練し、彼らの愛国心を煽って、前線に出動させる。軍楽マーチに乗せて進ませる。歌をうたわせて連帯心を育てる。革命国家の国民軍には、旧秩序国家の傭兵を使った常備軍よりも、格段と、軍歌、行進歌、革命歌が必要でした。音楽の力は、規律ある身体動作を行わせせしめ、敵愾心《てきがいしん》を高潮させ、仲間意識を高め、生命の危険への恐怖を忘れさせる。音楽の上手な利用以外に、即席の国民軍を軍隊らしくする術はなかったと言えます。そうして急造された革命精神を湛える軍歌の中で、とびぬけてヒットしたのが『ラ・マルセイエーズ』ということでしょう。

そうしたら、なんと、この即席のフランス国民軍が、プロイセンの軍隊に勝利してしまった。彼らは『ラ・マルセイエーズ』を歌っていたことでしょう。実際のところは、戦闘らしい戦闘をして、実質的な勝利を収めたとは、とても言えたものではなかったのですが、勇敢に前進し、火力も活用したフランス国民軍に対して、プロイセン軍が退いたのは、まぎれもない事実です。それが、一七九二年九月二〇日、ということは外国の侵略を恐れてパリでパニックが起き、テュイルリー宮殿からルイ一六世が連れ出された翌月ですけれども、シャンパーニュ＝アルデンヌ地方のヴァルミーでの戦いです。フランス国民軍は、プロイセンのプロたちに対して、いちおう真っ当に戦えたということです。

この戦いには、恐らくわざと相当な尾ひれがつけられ、フランス国民軍の大勝利として国内に喧伝《けんでん》されました。革命国家が歌をうたって自信を付けた瞬間でした。

歌が愛国心を育て、ナショナリズムを涵養《かんよう》し、国民の一体性をはぐくみ、しかもそれを持続させ、その持続はむろんおとなしいものではなく血沸き肉躍るタイプの能動的なもので、ついには裏切者の暴君を断頭台に送る熱狂さえ生み出していったと言ってよいでしょう。『ラ・マルセイエーズ』は世界史を動かした歌なのです。『ラ・マルセイエーズ』ばかりが歌われていたのではありませんが、しかしやはりいちばん歌われて名曲として愛されたのは『ラ・マルセイエーズ』でした。だからこの歌は今日もフランスの国歌なのです。革命と戦争の記憶が、この歌で継承されているのです。

ギロチンとチェンバロ

一七九二年からの革命戦争は民衆を高揚させ、国民化し、旧秩序への破壊衝動を一七八九年の段階からけた違いに高めます。そこで活躍したのはギロチンでした。

ギロチンはフランス語としてより正確に発音しようとすれば、ギヨティーヌです。フランス革命勃発からまだ日の浅い一七八九年一〇月、憲法制定国民議会の議員、ジョゼフ・ギヨタンは、死刑のための斬首機械を開発して国家が刑具として採用すべきだと議会で主張しました。革命が起きて死罪になる者が増えたので死刑執行を効率化しようとしての提

ギヨタン

案。そのように思ってしまいたくもなります。しかし、ギヨタンの趣意は違っていました。人間を尊重するフランス革命の理想にかなった提案。ギヨタンのつもりではそうでした。

死刑になる罪人も人間です。人間として尊重されねばならない。しかし、刀で斬首されるときに、死刑執行人の手際が悪くて致命傷に至らないで何度もやり直すとか、絞首刑でなかなか窒息《ちっそく》しないとか、苦痛を味わう時間も程度も並大抵でないことが間々ある。これは人権侵害もよいところだ。苦痛は少ないほうが良いに決まっている。瞬間的に、あっという間に、あれ死ぬのかしらと、思う暇さえないくらいがいちばんよい。そのためにはあっという間に首の堕ちる機械があるのがいちばんなのです。

では、どういう機械がよいのか。死刑執行人のシャルル＝アンリ・サンソンと医師のアントワーヌ・ルイが形状や機能を考案し、実際の製造の工夫をしたのは、ドイツ人の職人、トビアス・シュミットでした。彼は何の職人かと言うと、楽器製造職人でした。得意はチェンバロです。フランス語だとクラヴサン。

そう言えば、断頭台とチェンバロは少しだけ似ていないでしょうか。枠を作って中に弦を張り、鍵盤とつなげるのが、チェンバロ。枠を作って刃物を嵌《は》め、鍵盤の代わりに首を入れる台座を作るのが、ギロチン。それは一七九二年から国家の定める死刑の道具になりました。万人の首を平等に苦痛なく切り落とせる人道的な死刑の装置。それが売りだったのです。ギヨタンが言い出しっぺだから、ギヨタンのものという意味でギヨティーヌ。それが他国ではギロチン風の発音になり、日本でもギロチンと呼ばれるようになりました。

このギロチンが、苦痛のない安楽な死刑の道具から、大量死刑を短時間で効率よくこなす道具へとイメージを変えたのは、フランス革命戦争に入ってからでしょう。とにかく死刑が増えたのです。フランスの革命を守るためには、革命の理想を微温化し、外国勢力の主張に耳を傾け、敵と通じる可能性を持つ者は、国王夫妻だろうが大貴族だろうが神父だろうが、みな排除しなければならない。そうやって革命の理想を純化し、それだけを純粋に信じる者の共和国を作ることが、フランスの独立を守り、フランスの革命精神を世界に伝え、世界人類を解放する唯一の道である。そのためには大量死刑を辞さない。恐怖政治の始まりです。即決裁判で、すぐギロチン。そんな時代が訪れました。『ギヨティーヌの歌』が流行りもしました。ルイ一六世は一七九三年一月、マリー・アントワネットは同年一〇月、ギロチンで斬首されました。そう言えば、マリー・アントワネットはチェンバロを愛奏する貴婦人でもありました。

ギロチンと弁護士

ギロチンの刃がひっきりなしにきらめく恐怖政治。その中心人物となった革命指導者と言えばロベスピエールです。

彼は弁護士から政治に入ってきました。フランス革命期の政治家には弁護士が目立ちます。弁護士は急進的民主主義に相応《ふさわ》しいキャラクターを持っているのです。理屈を言いますでしょう。そのうえ法廷で喋って説得して論破するのが仕事ですから。議会政治に向いている。議会と法廷は似ているのです。弁護士は勝訴か敗訴かに命を賭ける。誰かに与《くみ》して党派的に戦うことが使命なのです。議会で党派に分かれて争うのと似ています。弁護士はいつものやり方で民主主義的議会の議員ができるのです。

いや、それだったら判事や検事でも同じではないかと思われるかもしれません。でも違います。弁護士は法の抜け穴についていつも考えているのです。必要とあらば詭弁《きべん》も用います。何が何でも勝ちに行く。判事や検事は定石《じょうせき》にこだわるでしょう。前例、先例を重んじるでしょう。そうした相手を怯《ひる》ますのは、新しい解釈、新しい切り口なのです。弁護士は革命に向いている。正義をふりかざして強引に突き進む。

　大量死刑なんていかがなものか。即決裁判なんてやっていいのか。役人なら今までのやり方と違うと首をひねるでしょう。ところが弁護士は大胆に打って出るのです。正義派弁護士のロベスピエールが主導権を握ったからこそ革命精神は純化され、恐怖政治も可能となったのでしょう。戦時なのだ。非常時なのだ。フランスを守るためにはやりすぎもやりすぎではなくなるのだ。そんな理屈が罷り通ってエスカレートする。『ラ・マルセイエーズ』を歌って、我を忘れて陶酔する民衆に支えられて。

ロベスピエール

　とはいえ、派手な暴力を伴う急進的理想主義が長持ちしたためしはありません。いつも誰かが殺される。フランス革命の始まりで、周囲の旧体制国が夜も眠れなくなったように、ロベスピエールのフランスでは、国内のさまざまな人間たちが眠れなくなる。疑わしきは罰する。それが非常時の予防的な政治の要諦であり、グレー・ゾーンは無限に広がります。

非常時の正義もほどほどにしてもらわなくては！　ロベスピエールとその仲間たちはやりすぎたのでしょう。粛清《しゅくせい》される前に粛清しろ。一七九四年六月。フランス軍はハプスブルクやプロイセンの軍隊を、ライン川以東に追い払うことに成功し、当面の危機はとりあえず去ったかのように見え、熱狂と陶酔が緩みました。恐怖政治の正統性が疑われる時期にもなった。その時機を、恐怖政治を嫌悪する人々と、次に粛清される可能性に怯えていた人々は見逃しませんでした。七月二七日にクーデターが起こされ、翌二八日には即決裁判によって、ロベスピエールら二二人は死刑判決を受け、同日のうちに、パリの革命広場で、断頭台の露と消えました。

ナポレオン時代から七月革命へ

こうして、フランス国内における、革命の理想の純粋化を目指して暴力が派手に行使された時代は、いったん収まりますが、ルイ一六世夫妻を処刑したフランスと周囲の旧体制の国々との戦争は続いてゆきます。君主を屠《ほふ》り、立憲君主政治も否定し、純粋な共和国を目指したフランスは、それゆえに収まらない戦争を勝ち抜くために、非常時の国民総動員体制を持続させ、国力を集中するための非常時独裁権力を受け容れる。そこで支配権を握ったのは、フランス革命戦争の英雄的指揮官、ナポレオンでした。彼はフランス革命を守るために独裁者になり、独裁者としての権能を、非常時という限定を外して永続化させたいと願ったがゆえという解釈もありうるでしょうが、フランスを守りつつ革命の理想を広めるための革命戦争によって得られた広大な版図を統べるべく、皇帝になってしまいます。あまりにも凄絶《せいぜつ》な歴史の転倒です。

そのナポレオンも、ヨーロッパ全土を舞台とした戦争の末に、ついに敗北を喫して、万事休す。序章で、チャイコフスキーの『大序曲〝一八一二年〟』とベートーヴェンの『戦争交響曲』の話をして、やや触れた通りです。

そのあと、一八一五年にフランスでブルボン王朝が復活します。即位したのは、ギロチンで首を斬られたルイ一六世の弟のルイ一八世。彼が一八二四年に逝くと、そのまた弟のシャルル一〇世の時代を迎えました。

けれど、フランス革命の「自由・平等・友愛」の時代があり、ナポレオンの時代のあった後なのです。歴史は昔には復さない。復古した王政は、つねに民衆の声を気にしなければばなりません。ルイ一六世の弟たちはもっと違うふうにやらなければならなかったのでしょう。が、彼らは復古の幻想に酔ってしまった。大革命勃発のときにはもう三〇代だった二人ですから、一七八九年からの出来事は学ぶべき現実ではなく単なる悪夢に見えていたのでしょう。

それでは復古王政は持ちません。一五年で力尽きます。一八三〇年のことです。七月革命によって、パリは騒乱状態に陥りました。スイスの傭兵に守られたルーヴル宮殿も民衆に襲われて陥落します。シャルル一〇世は退位。ほとんど一七九〇年代の写し絵状態。シャルル一〇世の脳裏《のうり》に兄のルイ一六世の運命が離れなくなりました。幽閉、革命裁判、ギロチンというコースです。シャルル一〇世はイギリスへ逃亡し、その後、ルイ一四世の弟を初代とするブルボン＝オルレアン家の当主、ルイ・フィリップがフランス国王となって、国家の体制は立憲君主政治へと移行します。一七九二年にそうなりかけていたのだけれど、革命戦争の始まりによる混乱の中、挫折したヴィジョンが戻ってくるわけです。

七月革命と『幻想交響曲』

ベルリオーズの『幻想交響曲』は一八三〇年の作品でありました。この七月革命のさなかに作曲が進められていたのです。ようやく話が戻って参りました。『幻想交響曲』の初演は先に確認させて頂いている通り、革命の七月の五か月後の一二月。特には第四楽章「断頭台への行進」が好評を博しました。

そのとき、パリの聴衆は「断頭台への行進」を聴いて何をいちばん思い出していたか。もはや想像には難くないでしょう。ベルリオーズ自身のロマンティストの妄執に満ちた、青年芸術家のギロチンによる死刑の情景を思い浮かべ、ロマン主義音楽の精神をよく理解し共感していたのでは、やはりありますまい。ベルリオーズの斬新な管弦楽法を駆使した音楽が迫真的描写力に富んでいるから単純に面白かったのであり、そこにギロチンを怖がって国外逃亡した卑怯者のシャルル一〇世の姿が重なって、興奮したということに違いありますまい。

そうすると、そのあとすぐ続けて演奏される第五楽章の魔女たちの饗宴《きょうえん》も、額面通りに聴かれていたのではないでしょう。七月革命によるパリの大混乱と大騒音のオーケストラによる再現のように受け取られたと想像するのが自然です。

もちろん、ベルリオーズ自身が作品に込めた響きの想像力も、現実の七月革命のカオスから啓示を受けているのでしょう。たとえば『幻想交響曲』の第五楽章と言えば、オーケストラに鐘が取り込まれていることがたいへん斬新なのですけれど、鐘は革命の暴力の経験と結びついた楽器でもあります。日本でも火事になれば火見櫓《ひのみやぐら》で鐘を打って町中に知らせる習慣がありました。鐘はアラームなのです。警鐘としての機能が、鐘の役割の大きなものです。「逃げろ」ということもありますし、「やっつけろ」ということもあります。

七月革命でも鐘の音はパリで役目を果たしましたし、大革命でも鐘の音をきっかけにさまざまな惨劇が繰り返されました。一七九二年の九月には、ハプスブルクとプロイセンの軍事介入によって浮足立ったパリの民衆が、敵に内通する反革命者を皆殺しにしようと、監獄の囚人をその政治的立ち位置に関係なく、本当に見境なく大虐殺しましたが、そのときも群衆を暴力に駆りたてたのは鐘の乱打でした。鐘が鳴ると暴力の狂気が発動する。それはフランス革命に始まったことではなく、同じフランスなら中世の農民の暴動にも鐘の乱打が付き物だったのです。というか、それでスウィッチが入って始まるのです。

『幻想交響曲』の第五楽章の鐘には、七月革命から大革命を経て、中世の民衆の心性にまで遡る鐘の響きの恐ろしさが間違いなく投影されています。鐘が魔女の饗宴の盛り上げ役の楽器に選ばれているのですから。『幻想交響曲』には、ギロチンのイメージがあり、軍隊行進曲調があり、鐘の乱打を伴う暴力的な祝宴がある。七月革命だけにとどまらない戦争と革命の記憶、フランスの音楽史がみんなかぶってきているのです。

『幻想交響曲』成立の前提条件

そんな観点から、『幻想交響曲』の要点を整理しておきましょう。

第一には、革命や戦争の繰り返しとそれに並行する近代火砲の発達によって、オーケストラを聴く人間の耳のダイナミックレンジがフランス革命前より大きく広がってしまい、群衆の怒号や鉄砲大砲の騒音の大きさに負けないくらいにオーケストラも大きく響かせないと、音楽が迫真的表現を保てなくなってきていたこと。それに対応する管弦楽の表現法の革新者がベルリオーズであったこと。

第二には、その際の音楽的主役は、弦楽器よりも音の大きい、しかも野外的な響きのする管楽器と打楽器にしばしばなるということ。弦楽器が野外的でないということの理由は、音量の問題だけではありません。弦楽器は濡れたらダメなのです。

第三には、ベルリオーズの管弦楽の表現法の革新が、決して彼の天才的創意にばかり基づくものではないということ。金管楽器と打楽器、そこに木管楽器も含めた要するに軍楽隊、吹奏楽の編成は、フランス革命からナポレオン戦争の時代に、大発展していたということ。実際に軍楽隊が発達し、管楽器教育を重視する音楽学校が生まれ（今日も続くパリ音楽院です）、管打楽器の種類が増え、改良も進み、演奏技巧が高度化したこと。さらに、革命や戦争を記念する大催事、大式典が特に一七九〇年代には、教会や劇場の中で、あるいは野外で数多く行われ、そこでは巨大な吹奏楽や管弦楽や合唱が活用され、戦争や革命の現場の騒音に負けない大音響が探求されたこと。そうしたイヴェント的な革命音楽の系譜の総決算を演奏会用音楽において行おうとし、オーケストラに鐘を入れてしまったりしたのがベルリオーズだということ。

第四に、革命や大戦争を経験した人間は、オペラでも器楽でも、音量や編成の問題に限らず、内容としても極端な刺激を求めるようになったということ。

これらが、ベルリオーズの世界を準備し、成り立たしめる前提であったということです。

ゴセックとベートーヴェン

ここで、第四の点について補足しておきましょう。革命期の大編成の音楽を用いた式典・祭典のことですが、たとえば、一七九〇年の七月一四日の革命開始一周年を記念する式典の中身を見てみましょう。

前夜祭として七月一三日には、マルク＝アントワーヌ・デゾジエ作曲の『バスティーユ襲撃』というカンタータが、合唱と器楽を合わせて六〇〇人という編成で、これは野外ではなく、パリのあの巨大なノートルダムの大聖堂で初演され、その作品は鐘の響きやトランペットの攻撃的ファンファーレや打楽器の轟音《ごうおん》をふんだんに使い、バスティーユ監獄の襲撃の記憶、そのときの民衆の怒号や警鐘の乱打や大砲の炸裂の記憶を、聴く者に蘇らせました。ノートルダムの中で、一年前のバスティーユが擬似現実として追体験されるように仕組まれたのです。

そして、一周年当日の七月一四日には、パリのシャン・ドゥ・マルスの競技場で、フランソワ＝ジョゼフ・ゴセックの『テ・デウム』が演奏されました。「テ・デウム・ラウダムス」とは、ラテン語で「神であるあなたをわれわれは称えます」という意味で、キリスト教の聖歌の名であり、それに基づく儀式の形態なのですが、それは神への純粋な信仰を示すことから転じて、軍隊が勝利を祈念するとか、あるいは勝利を祝するとか、教会の威勢を誇示するとか、そうした意味合いで行われることになってゆきました。フランス革命一周年の『テ・デウム』は、キリスト教の神というよりも、革命の理想を上に見立てて行われる「テ・デウム」と考えるべきでしょう。

ゴセックがその日に実現した演奏規模は、ちょっと呆然とするようなものです。独唱と大合唱（恐らく一〇〇〇人とかの規模でしょう）に、三〇〇人の管楽と三〇〇人の太鼓が付いたというのです。圧倒的な音楽イヴェントというほかありません。オーケストラからは弦楽器は抜かれて、吹奏楽編成だったわけですけれども、それはこの催事が野外だったからです。

ゴセックは、革命・野外・大群衆・管打楽器という連想系を、革命当初から意識して、強力に実践した大作曲家です。ゴセックは軍楽隊の育成に努め、管楽器教育を重視した音楽学校をデザインし、今日に至るフランス音楽界の管楽器重視の流れを作り、吹奏楽編成の交響曲や協奏交響曲といったほとんど新しい楽曲分野を切り開きました。フランス革命戦争の初頭の記念すべきヴァルミーの戦いのいきさつをオペラにしたのも、ゴセックです。それはルイ一六世がギロチンにかけられた直後に初演されました。

あるいは、一七九四年に行われた、革命精神を支える人間の理性をあたかも儒教の天の概念のように見立てて「最高存在」と名づけて崇める祭典。その音楽監督の役を務めたのもゴセックですけれど、そこではこれまたなんと、二五〇〇人の合唱団が編成され、それに一〇〇人の鼓手や大オーケストラが加わって、ゴセックの作曲した『最高存在への賛歌』や、フランス革命を象徴する歌『ラ・マルセイエーズ』が耳を聾するヴォリュームで演奏され、群衆は感極まって泣き叫んだとも伝えられています。

ベルリオーズは、『幻想交響曲』の続編になる、語り手と声楽と管弦楽のための『レリオ』（ベルリオーズの姓の綴りから作られた作品の主人公がレリオです）、あるいは『レクイエム』、『テ・デウム』、『葬送と勝利の大交響曲』といった作品で、何百人もの器楽や合唱を要求して誇大妄想的と言われ続けていますが、大革命の時代に、特にはゴセックが追い求めた巨大志向を受け継いでいると考えれば、ベルリオーズが際立っておかしいということにもならないと思います。フランスの歴史における道理が、そこに認められるのです。

ゴセック

では、ベルリオーズはゴセックの音楽史的嫡《ちゃく》子《し》なのか。そうとも言えるでしょう。しかし、もうひとり、ベルリオーズが強く影響を受けた大作曲家を、ここで忘れるわけにはゆきません。ベートーヴェンです。

ゴセックには大群衆の時代に対応する規模がありましたが、ベートーヴェンには民衆の時代に対応する感情を音楽として表すための内容の探求がありました。それはロマン主義にもつながってゆくでしょう。ベートーヴェンの個性は、フランス革命とナポレオン戦争の時代の中ででき上がりました。そこでのキイワードは恐らくパテティックです。ベルリオーズもベートーヴェンのパテティックな部分から、自らの音楽のロマン的感性をはぐくんだのでありましょう。

とはいえ、そのベートーヴェンのパテティックの話をする前に、ウィーン古典派とフランス革命のこと、具体的な作曲家の名で申せば、ハイドンやディッタースドルフに触れておきたいところです。次にそちらに参ります。ベートーヴェンはそのあとです。

第三章 反革命とハイドン

交響曲『バスティーユ襲撃』

フランス革命はハプスブルク帝国に衝撃を与えました。革命を退ける。反革命を担う。帝国の道は自ずとそちらに定まるのですが、一枚岩で帝国がそうなるという話でもありません。革命は帝国の政治や思想や社会に困惑と混乱を生み出しました。

むろん影響はその面にとどまりません。ハプスブルク帝国の首都、ウィーンは音楽の都。ウィーンの作曲家にも影響は比較的早く及びました。革命以後のフランスの、新しい社会のありようと連動した新しい音楽のありようが、ウィーンの名のある作曲家の創作の中身に反映してくるのです。

たとえば、カール・ディッタース・フォン・ディッタースドルフ。彼は優れたヴァイオリニストで作曲家。ハイドンよりも七つ年下で、モーツァルトよりも一七年上です。ディッタースドルフは、ハプスブルク帝国の版図に含まれていたモラヴィアのヨハニスベルクの領主に長年仕え、ウィーンでも活躍しました。モーツァルトがイタリア語歌劇『フィガロの結婚』を初演したのと同じ頃、ヨーゼフ二世の推し進めた、言語による強固な帝国統合運動の一環としての、ドイツ語歌劇の路線を実践する作品として『医者と薬剤師』を世に送り、ウィーンで大当たりをとりました。ベートーヴェンにも強く影を落としている作曲家のひとりでもあります。

そのディッタースドルフが、一七九〇年代に入ると「フランス趣味」ということを言い出します。フランス革命で時代は変わった！　新しい音楽を書かなくてはいけない！「フランス趣味」にもいろいろありますが、この場合は「フランス革命趣味」であり、「民衆的趣味」ということでしょう。この趣味はベートーヴェンに受け継がれると考えてよいと思います。

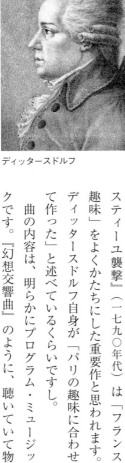

すると、ディッタースドルフは、その趣味を具体的にはどのような音楽表現に結びつけたのでしょうか。

ディッタースドルフ

彼の晩期の代表作のひとつ、交響曲ハ長調『バスティーユ襲撃』（一七九〇年代）は「フランス趣味」をよくかたちにした重要作と思われます。ディッタースドルフ自身が「パリの趣味に合わせて作った」と述べているくらいですし。

曲の内容は、明らかにプログラム・ミュージックです。『幻想交響曲』のように、聴いていて物語の追える、描写的な器楽の音楽です。
第一楽章の序奏は、ブルボン王朝の圧政下で打ちひしがれているフランスの貧しい民衆が、鬱々《うつうつ》としながら忍耐し我慢している具合になっています。交響曲の第一楽章の定番はソナタ形式のアレグロですが、その速い主要な部分に入る前に遅いテンポの序奏を付けるというのは、一七七〇年代からハイドンが定石化して、多くの作曲家が真似するようになっていったスタイルでしょう。ディッタースドルフもそれに倣《なら》っている。

盛り上がるには準備がいる!

交響曲の遅い序奏は、音楽の自律的欲求にも、人間の自然な欲求にもいかにもかなっています。つまり、いきなり疾走しだすのは聴く側や演奏する側にとってからだがびっくりしてしまいますから、準備運動、指慣らし、耳慣らしということで、速い部分に行く前にちょっといろいろやってみてから、ではそろそろ速い方に行こうかというのは、とても真っ当なアイデアなのです。
たとえば、バロック音楽の鍵盤曲では、前奏曲とフーガという楽曲形式が流行しておりましたけれども、前奏曲はふつう遅くて、フーガになると、演奏者の運動量も、音符の数も一挙に増えて、音楽も錯綜《さくそう》して、盛り上がってくるものなのです。

盛り上がるには準備がいる。人間に限らず、動物でもそうでしょう。しかし、この当然を、ディッタースドルフは、交響曲『バスティーユ襲撃』において、民衆が政治や社会に対して我慢している状態を表すために用いました。

準備運動は、スポーツ選手でも早く突っ走りたいのに我慢して忍耐してやっているのでしょうし、オルガンやチェンバロの奏者も早く速いフーガに行きたくてうずうずしていることもありましょうし、ヘンデルやテレマンやモーツァルトのオペラでもレチタティーヴォ（朗唱）の部分は、早くアリアで感情を爆発させたいのに、そこに至るどうしても必要なくだりとして、ぺちゃくちゃ言ったりもじゃもじゃ喋ったりしていると言えるのかもしれません。

でも、民衆の我慢を器楽でやるとすると、鍵盤楽器だけとか、少人数の室内楽では物足りないですね。交響曲がよい。編成が大きめで大勢のプレイヤーがいるオーケストラがよい。オーケストラ即大群衆という連想術です。

たとえば四部の混声合唱でも、群衆という感じは出るでしょう。けれども、管楽器があって弦楽器があって、打楽器もあったほうが、人間の声だけよりも、もっといろんな音色がして、声部もたくさんにしやすくて、あちこちでいろいろなことが起きている感じに聴こえるでしょう。

それに人間の声でないと言っても、オーケストラは生身の人間ですから、身体感覚も息遣いも豊富です。おまけに太鼓も叩いていたら、革命の街頭風景にもうそっくりではありませんか。もちろん、そこに合唱が入ればなお生々しくなるでしょうけれど。実際の群衆は、怒鳴ったり、革命歌をうたって叫んだりしながら、突っ込んでくるのが、しばしばでありましょうから。

とにかく、バスティーユに向かってゆくのは、さまざまな職業や年齢の人々から即興的になりゆきで構成されてしまった革命的大群衆です。それを音楽で表現する手段としては、オーケストラがふさわしい。

そのオーケストラが序奏でうじうじやりだすと、いかにも我慢に聴こえるでしょう。忍耐に聴こえるでしょう。革命の物語としてとても分かりやすくなるでしょう。頭から、群衆が突っ込んできたら、それはかえって変でしょう。軍隊の奇襲攻撃の描写なら、不意を打たれたように唐突に轟音で始まってもびっくりして面白いですが。

群衆が集まってきて、そこに集合的な意思が生まれるまでには時間がかかりますので、ハイドンの確立した交響曲の第一楽章の遅い序奏という定石を、民衆が蜂起するまでの経過の描写になぞらえるのは、多くの聴衆に上手に訴えるドラマトゥルギーの模範を示していることにもなりましょう。物語には発端が必要なのです。

引用の魔力と詐術

忍耐のあとには当然、爆発が来ます。任侠《にんきょう》映画なら、ブレーキをかけてかけてなおかけて、最後に殴り込む。ディッタースドルフの場合は、一七八九年七月一四日の情景ですから、群衆の監獄への殺到です。では、作曲家はそれをどうやって表すか。そこでもディッタースドルフの工夫には瞠目《どうもく》させられるものがあります。

暴力的なアレグロを、作曲家自身の創案した旋律を主題にして作って、「監獄の襲撃の描写です」といっても、この場合、じゅうぶんそれで結構なのです。しかし、それだと、バスティーユなのか、ロンドンなのか、ウィーンなのか、ボストンなのか、どこで起こってもよいことになりませんか。

この大騒ぎは、どうしてもバスティーユなんだ、フランス革命なんだ、他の何物でもどうやらなさそうだ。聴衆が事前に『バスティーユ襲撃』というタイトルを知らなくても、聴くだけで、ある程度、そのように通じさせる必要がある。そのための手立てを、古来作曲家は持っております。有名であり、その旋律を聴けば自ずと連想させるだろうことを、楽曲の描写したい内容とつなげてしまえばよいのです。表現としてはメロディを聴けば誰にでも意味が分かる有名な旋律を引用するのです。

ディッタースドルフは何を引用するのでしょうか。案の定、『ラ・マルセイエーズ』なのです。

フランス革命の象徴として国外にまで広く知られた革命軍歌の旋律。覚えていればすぐそうだと分かる程度に、元の旋律を断片化し、それをいかにもウィーン古典派風の紋切型の音型に作り直して使い込みまして、バスティーユ監獄を解放しようと民衆が集まって殺到してゆくさまが、音化されてゆく。だんだん盛り上がる。切迫する。音量を大きくして行き、リズムや和声進行にテンションを仕掛け、金管とティンパニを大胆に派手に使って、革命的、軍隊的音響を鳴らしまくる。

さらに民衆が切れ目なく怒濤《どとう》のように押し寄せてゆく様子を耳で連想させるには、細かな音型が急ぎ足で繰り返されるといい。速い楽句の稠密《ちゅうみつ》な反復は、無数の何かが蠢《うごめ》いて迫ってくる感じを与えるものです。しつこいくらい単純に押してくる。群衆が来る。大変なことになったぞ。スリリングだぞ。そんな気になって、聴いている者の姿勢も前傾していき、手に汗を握ってしまいます。

冷静に考えれば、時系列はあっていません。『ラ・マルセイエーズ』はフランス革命を阻止しようとする外国との戦争の段階に入ってから作られた軍歌であって、一七八九年のパリの群衆がまだできていない歌をうたっているはずはないのです。

映画『二百三高地』と信時潔の『海ゆかば』

そういえば、『二百三高地』という、舛田《ますだ》利雄監督が日露戦争の陸戦を巧みに描いた、東映の大作映画がありました。仲代達矢《なかだいたつや》扮《ふん》する乃木希典《まれすけ》将軍が指揮する旅順要塞攻略軍が、必要な戦力を欠き、それでも攻撃を続けざるを得ない状況に追い込まれてゆく。そうでないと国家が、海軍が、国民が納得しない。要塞を攻略できる戦力を与えられていないのに、一刻も早く旅順を陥落させないと、日本の勝機は失われ、亡国に至るからなんとかしろという。

無茶なのです。どちらが包囲されて玉砕寸前なのか、よく分からなくなってくる。ついに無謀とはよく分かりつつも、大した武器も持たない殴り込みの決死隊を、乃木率いる攻略軍は、送り出さねばならなくなります。何かしないわけにいかない。悲壮きわまります。

そして、それは、もちろん映画の創作ではありません。史実なのです。みんな死んで、屍《しかばね》が山となって積み上がるだけとは、百も二百も承知しているのですが、それでも体当たり的突撃を敢行せざるを得ない。そこまで切羽詰まってしまっているのです。

この映画の音楽担当は山本直純ですけれども、決死隊出撃の場面に流れてくる音楽は、信時潔《のぶときききよし》の作曲した『海ゆかば』の引用です。『海ゆかば』が決死隊の悲壮な姿にかぶり、粛然と鳴り響きます。

これは真面目に考証すればとてもおかしい。信時潔は日露戦争の時代にはようやく音楽学生になるかならないかで、彼が日本放送協会の依頼で『海ゆかば』を作曲するのは、昭和一〇年代、日中戦争が始まってからです。日露戦争のときにはまだ存在しない、まったく時代の合わない曲。だが、山本直純は、監督か脚本家からの要求だったのかもしれませんが、時代のねじれは百も承知で『海ゆかば』を日露戦争の映画に用いました。

なぜでしょうか。『海ゆかば』は太平洋戦争期には『君が代』に次ぐ「第二の国歌」とまで呼ばれ、国家的儀典には欠かせない歌でしたけれど、その荘重で威厳ある曲の趣ゆえに、厳粛なニュースがラジオから流れるときに、イントロダクションやバック・グラウンド・ミュージックとしてよく利用されました。全滅が玉砕と言われ、撤退が転進と言われる。そういうときのニュースに『海ゆかば』は付き物でした。悲劇的楽曲としてその時代に認知され、そのイメージが戦後に長く生き残りました。

映画『二百三高地』は一九八〇年、戦後三五年の作品です。『海ゆかば』の含みの多い魔力はまだ日本の社会に力強く生きていました。それを聴きながら画面を見れば、そこに映っている人たちは死ぬんじゃないかと、自ずと連想される。そんな音楽による条件反射の回路が、年輩者を中心に依然として国民的に共有されていたのが戦後三五年の日本でした。

商業映画の音楽は、大勢にアピールしてこそ。「旋律の条件反射」が使いやすいところには使えばよろしい。時代考証、何するものぞ。実際、『海ゆかば』が流れることで、この場面は一九八〇年の日本の観客に、インパクトをもたらしていたと思います。私は、封切り時に、新宿の東映の混雑した映画館で、『海ゆかば』が流れてきて館内の空気が変わったと感じました。

です。

革命の時代に見合った音楽

ディッタースドルフが交響曲『バスティーユ襲撃』でやったのは、それと同じことなのです。『海ゆかば』を聴けば玉砕。日本人にそういう回路があったように、『ラ・マルセイエーズ』を聴けば革命と戦争の暴力という回路が、ハプスブルク帝国の人々にも一七九〇年代のうちにできていたということなのです。歌の力が民衆の熱狂的動員を可能とし、政治や社会や戦争のありようをたちまち一変させてしまうことに、驚愕《きょうがく》し、感動し、恐怖していたのです。

フランス革命と言えば『ラ・マルセイエーズ』。バスティーユ監獄の襲撃のときも『ラ・マルセイエーズ』。実際はバスティーユ襲撃と『ラ・マルセイエーズ』の流行とは、二、三年のずれがありますけれども、映画『二百三高地』における『海ゆかば』の三〇年以上のずれに比べれば、まったく大したことではありません。

ディッタースドルフは、長い交響曲をフランスの軍歌・革命歌の旋律で賄おうとし、そうすると『ラ・マルセイエーズ』一曲では実際問題として足りないので、他の歌の旋律も使っています。革命歌尽くしとそれに見合ったテンションを、急《せ》かした反復の魔術や、刺激的楽器法で作り出す。

ディッタースドルフは、二〇世紀のショスタコーヴィチの民衆による革命や国民的戦争と結びついた交響曲の書き方の祖型を、一七九〇年代のフランス革命直後の交響曲の実作で、既に示していたと言えるのかもしれません。発想としては、そのあともずっとこの種の音楽の書き方は、ディッタースドルフとあまり変わっていないのではないでしょうか。

ディッタースドルフの作曲の売りのひとつは、若い頃から臆面のない単純さにあったとよく言われますけれど、貴族向けの音楽としては味わいの濃やかさを欠くとか、洗練が足りないとか言われることもあったその特徴が、革命の時代には吉と出てくるのです。群衆に洗練もへちまもあるわけないではありませんか。粗野で単純で知的な細工は少なめなくらいがちょうどいい。普通の一八世紀後半の交響曲のつもりで聴いていると、ヴォルテージの上がり具合が少し違うぞと、ギョッとして参るのが、ディッタースドルフの交響曲『バスティーユ襲撃』でございます。

目には目を、歯には歯を、歌には歌を

ディッタースドルフがフランス革命を描写する交響曲を『ラ・マルセイエーズ』をはじ

めとするフランスの軍歌・革命歌を素材に見事に作ったという話をして参りました。

改めて確認すれば、一七九〇年代は、フランス革命における軍歌や革命歌の驚くべき効用のせいで、フランス以外の国でも、民衆がみんなで口ずさめる歌の価値が、政治的、社会的、軍事的に、高く認識されてゆく時代であったと言えます。

そういう歌は、洗練され、ある程度の音楽的訓練を受けている人も多い、上流階級向けの歌とは、一線を画していなくてはなりません。誰でも覚えられ、少し練習すれば正確に歌える歌であることが望ましく、またそうでないと機能が果たせません。貴族から平民まで、みんなで覚えて歌って盛り上がれなくては意味がないのです。

今日のフランス国歌『ラ・マルセイエーズ』は、一七九二年にハプスブルク帝国とプロイセン王国のフランス侵略の動きに対抗すべく、フランス民衆によって構成される国民軍の士気を高めるべく作られた軍歌であったということは、これまででもさんざん触れました。その歌のせいでナショナリズムが熱く高まり、国民軍兵士の連帯心と協調心と勇敢なる攻撃精神を涵養して、軍隊が強くなったのだということも。

ハプスブルク帝国の音楽家として普通に大物で、特に異常な感性の持ち主だとか、モーツァルトのような天才性があったとか、ハイドンのように楽曲の大きな形式に創意を示したとかいうわけでもない、ディッタースドルフでさえ、『ラ・マルセイエーズ』に注目して交響曲を書くような時代になった。そのとき、ハプスブルク帝国、プロイセン、イギリスのような、フランス革命に対抗していかなければならない皇帝や王の国の人々は、自分たちは何をしなくてはいけないと思うでしょうか。反革命を推進するには何が必要でしょうか。

フランスの民衆は、歌で国民意識を作り出し、集団としての気概を持った。それゆえにフランスは、帝国や王国が軍人貴族や外国人の傭兵を取り混ぜて給金を出して編成した常備軍よりも、けた違いの人数の国民軍を、国を守るための気概に基づくボランティアの兵隊という仕掛けを作って、お金もあまりかからずに作り出せるようになった。

戦闘のために必要な集団行動も、タテに列をなして、行進し、散らばって軍楽に乗って突撃するという乱暴なやり方ではあるけれど、それなりに会得《えとく》して、集団の突撃力で、ヨコに並んで防衛線を張って睨《にら》み合《あ》うというような従来の常識的戦法を克服し、タテの突撃でヨコの防衛線を突破できるようになってしまった。

そこには、フランスがルイ一六世の時代に戦争を繰り返しながら産業革命時代に相応しい軍事科学技術の向上に努めていたことも吉と出た。

素人の義勇兵主体の、個人としても集団としても接近戦での戦闘能力の高くない歩兵を、サポートしうる兵隊といえば、砲兵である。火力である。大砲である。フランス軍は、比較的軽量で、移動がたやすく、しかも量産可能で、射程の長さもあり、砲弾の破壊力も大きく、命中率も高い火砲を多く備える、砲兵先進国でした。フランス革命が起きたからといって、大砲を持って逃げて行く貴族はあまりいないから、大砲も残り、技術将校には革命の協力者もいるので、火砲の製造や修理や開発ができなくなるということもない。

歩兵の至らなさは大砲で補う。砲兵にはプロフェッショナルな訓練が要りますが、人数は少なくてもいいのです。大砲一門は、歩兵の何十人、何百人に匹敵しますから。かくして、寄せ集めの素人の数ばかり嵩《かさ》んではいるが、無能力と見られていた低予算の革命軍は、案外すぐに戦えるようになりました。

念を押しますと、そこでは歌の力が大きく作用していたのです。似たようなこととしては、たとえばプロテスタントとカトリックが対立し戦争した時代に、特にプロテスタントが民衆的な讃美歌を流行らせて信者の気持ちをまとめていった事例があったわけですが。革命フランスは、そこから大きく進んで、近代国民国家形成の礎、国民軍形成の基に歌を活かし切った。

それをよそから観ている側は、「へえ、すごいんだなあ、分かりやすく歌いやすい歌はこんなに革命や戦争に役立つんだなあ、びっくりだなあ、勉強になりました」では済みません。だって他人事《ひとごと》ではないのですから。そういう国と戦争になっているのですから。そして、思いのほか、フランスの民衆の軍隊が手ごわくて困ってしまったのですから。だったら、フランスに対抗する側でも、やることはもうひとつしかないでしょう。歌には歌を。それしかありません。

帝国臣民を興奮させる歌

ロベスピエールの恐怖政治が一七九四年のクーデターで終わらせられる。フランス革命の中身は過激な理想主義から現実主義へ、この段階で革命の新しい秩序による利益を受けていた者の守りの運動へと、変質していきます。

が、別に王政が戻ってくるわけではないので、対外的なフランス革命戦争の理由は、フランスにとっても旧体制の国々にとってもなくなりません。戦争は続き、一七九五年にはオランダがフランスの勢力圏におさまり、プロイセンはいったんフランスと講和してしまい、スペインも同じくフランスに対する矛を収めました。そうなると、残っているのはハプスブルク帝国とイギリスです。

一七九六年に、フランス軍はハプスブルク帝国へ大攻勢をかけました。ハプスブルクの皇帝は、頻繁に代替わりしていました。モーツァルトをそれなりに助けたヨーゼフ二世の後を継いだレオポルト二世も一七九二年に逝ってしまい、その嫡男《ちゃくなん》がフランツ二世として即位します。

そうしたらフランス革命戦争です。ハプスブルク帝国は存続の危機を迎えました。一七九六年のフランス軍のオーストリアへの侵攻は、フランツ二世の弟、カール大公の率いる軍隊によって押しとどめられます。しかし、ハプスブルク帝国の重要な版図であるイタリアでは、フランスの新しい軍事英雄の指揮する侵攻軍によって、ハプスブルク帝国軍は連戦連敗。状況は厳しくなる一方でした。その軍事英雄とはナポレオンという人です。

一七九六年の暮れから、翌年の年明けにかけてのことでしょう。苦しいときの歌頼み。ハプスブルク帝国にも『ラ・マルセイエーズ』に匹敵する、帝国の民を、帝国防衛のために奮起させる新しい歌が必要だということになりました。

といっても、『ラ・マルセイエーズ』のような強烈な軍歌調は、フランス革命に共感する「進歩的」な人々がハプスブルク帝国内にも多く居る状況ですから、歌詞で幾ら現体制の防衛をうたっても、替え歌にでもされれば藪蛇で、一巻の終わりです。帝国臣民にナショナリスティックな興奮を与えなくてはいけないのですが、その音楽は『ラ・マルセイエーズ』と違っていなくては困る。

そこで参考にされたのは、イギリスの事実上の国歌である『神よ、国王を護《まも》り賜《たま》え』であったと考えられます。『ゴッド・セーヴ・ザ・キング』ないし『ゴッド・セーヴ・ザ・クイーン』。イギリスの当時の王は男性のジョージ三世ですから、『ゴッド・セーヴ・ザ・キング』でした。

イギリス王になったハノーファー選帝侯

イギリスすなわちグレートブリテン王国の王朝は、一七一四年まではステュアート朝でした。ステュアート家はもともとスコットランドの王。それまでのスコットランドとイングランドの同君連合の時代を経て、一七〇七年に両国が合併し、グレートブリテン王国が誕生すると、イングランドとスコットランドの王を兼ねていたステュアート朝のアン女王が、新しい王国の王になりました。ところが一七一四年にアン女王が亡くなってしまう。

順当に行けば、アン女王の弟、ジェームズ・フランシス・エドワード・ステュアートが王になる可能性もありました。

しかし、彼はカトリックでした。イギリスは、カトリックを締め出す過程でナショナリズムを生み出してゆき、カトリックの国王を退けることを国是のようなものとして、近代への道を歩んだ国です。ヨーロッパ大陸を支配するカトリックをイギリスから切り離したい。干渉させない。その可能性を断ち切っておく。これこそイギリスのナショナリスティックな精神として今日までつながってくるものなのです。

イギリス国教会の王だったら許せる。でも、大きな権力は与えない。あくまで立憲君主として振る舞ってもらう。激しい経過がありながら、そうやって王が生き残り、大革命のフランスとは違う道を歩んだのがイギリスでした。

アン女王が亡くなると、一七〇一年に制定されていた王位継承法にしたがって、プロテスタントの新しい王が大陸から迎えられました。神聖ローマ帝国のハノーファー選帝侯、ゲオルク・ルートヴィヒが、グレートブリテン王国のジョージ一世です。

なぜ、ドイツのハノーファー選帝侯がイギリスの王になるのか。ジョージ一世の母は、ゾフィーと言い、プファルツ選帝侯の家からハノーファー選帝侯の家に嫁に行ったのですが、プファルツもハノーファーもプロテスタントで、ゾフィーの母のエリザベトは、ステュアート朝の王でイングランドとスコットランドの王位を兼ねたジェームズ一世の娘でした。エリザベトは英語風にはエリザベス。

つまり、ハノーファーから迎えられたジョージ一世は、ジェームズ一世の娘の娘の子であって、女系でステュアート朝につながる、しかもプロテスタントの王であったのです。カトリックの男系よりも、プロテスタントの女系をとる。イギリスの選択でした。確かにジョージ一世はステュアート朝の血は引いていますが、女系ですから、ステュアート朝の王家を順当に継いだことにはなりません。ステュアート朝からハノーファー朝、英語風にはハノーヴァー朝に、ジョージ一世で王朝は交替したことになります。

ジョージ一世

イギリス国歌『神よ、国王を護り賜え』

ジョージ一世は、ハノーファーの宮廷音楽家、ヘンデルを連れて、ロンドンにやってきました。

当時のロンドンはヨーロッパの世界最先端の先進資本主義国であり、王の権力が弱められている点でも、ヨーロッパ最先端と言えるでしょう。イギリスでは、ジョージ一世が即位したのは一七一四年。イギリスでは、ストレートに言えば植民地からの収奪に支えられた、いわゆるイギリス商業革命が起きている真っ最中でした。

ヘンデル

植民地からもたらされる豊富な産品がイギリスに資本を蓄積し、富裕な商人階級を厚く生み出し、彼らの資本が産業革命のための技術開発と設備投資の元手にもなれば、富裕な市民は社交を楽しみ、そこでは音楽が嗜《たしな》まれます。器楽の練習は手間もかかりますから、合唱の方がとりあえずは楽になり、ロンドンでは合唱人口が膨らむ。ヘンデルはオペラもそうですけれど、合唱が大勢出てくる『メサイア』のようなオラトリオを作って、まさにロンドンの音楽需要に最適な創作をして、大作曲家への道を歩みます。

しかし、ステュアート朝からハノーヴァー朝への王朝交代の流れを、イギリスが一枚岩で認めたわけではありません。男系のステュアート朝の継続こそがイギリスの歩むべき王道と信ずる人たちもいました。

彼らはジャコバイトと呼ばれ、幾度もクーデターを仕掛けては失敗するのですが、その最後の賭けが、アン女王の死後、一七〇一年成立の王位継承法によって即位への道を阻まれたジェームズ・フランシス・エドワード・ステュアートの息子、チャールズ・エドワード・ステュアートを奉じての、一七四五年の反乱でした。それはいったんはロンドンを危地に陥れます。

この危機の中、ロンドンで生まれたのが『神よ、国王を護り賜え』でした。いつ誰が作曲したのかはよく分かっていません。古い聖歌・讃美歌の旋律に、国家と国王の危機を救うように神に祈るという、時局に見合った歌詞を付けた替え歌ではないでしょうか。

そう、『ラ・マルセイエーズ』のような外向的で活発で破壊的に機能する歌ではありません。落ち着いた遅めのテンポで歌うのに向いたメロディを持っていますし、拍子も行進を可能にする二拍子系ではなく、身体よりも精神に働きかけるタイプとしての三拍子系です。三拍子と言ってもワルツのような踊りには向いていません。やはり讃美歌調なのです。教会に集って民衆が心を合わせる。神に祈る。神に誓う。そういう歌です。

『ラ・マルセイエーズ』のように行動に直結する歌とは異なります。行動の前提となる信念の確認につながる歌です。そして聖歌・讃美歌ということは、カトリックかプロテスタントか、とにかく神に祈る歌なのですから、フランス革命的な近代理性よりも、伝統的な感情とつながりやすい。『ラ・マルセイエーズ』と対比するときの、『神よ、国王を護り賜え』の特徴でしょう。

この『神よ、国王を護り賜え』はジャコバイトの迫るロンドンで爆発的に歌われ、ジャコバイトは撃退され、その歌は以後もイギリスの結束を確認する歌として歌い継がれてゆきました。

革命国フランスの脅威にさらされ、国家存亡の危機に陥るハプスブルク帝国が、皇帝中心での臣民団結を求める歌として、『ラ・マルセイエーズ』の型の音楽と『神よ、国王を護り賜え』の型の音楽のどちらを求めるかは明白でしょう。戦争をするには『ラ・マルセイエーズ』のような軍歌や行進曲は必要ですが、それは軍歌や行進曲そのものとして別に補えばよろしい。まず必要なのは皇帝を奉じての帝国の結束なのです、そこに名曲が誕生しました。作曲したのはハイドンです。

ハイドンの『皇帝賛歌』

フランス軍の足音がハプスブルク帝国に迫りくる一七九七年二月一二日、ヨーゼフ・ハイドンは、ウィーンで皇帝フランツ二世に新しい記念すべき歌を捧げました。イギリスの事実上の国歌『神よ、国王を護り賜え』と同様の聖歌調で、ハプスブルクの皇帝を称える『神よ、皇帝フランツを護り賜え』（『皇帝賛歌』）です。

ハイドンは一七三二年にハンガリーとオーストリアの国境地帯に生まれ（どちらもハプスブルクの版図には違いありませんが）、まずボヘミアのモルツィン伯爵家の楽長を務め、一七六一年に、エステルハージ侯爵家の副楽長になり、五年後には楽長になりました。

ハイドン

エステルハージはハンガリー系の大貴族です。しかも軍人貴族。ハンガリーの地で、オスマン帝国に対するハプスブルク帝国の軍事的な最前線に立ってきた家柄でした。

オスマン帝国がバルカン半島からもっと北進してウィーンをうかがう。ハンガリーのかなりの部分もオスマンがとってしまう。オスマンとハプスブルクの最前線はハンガリーになる。ハンガリーが分断され、のちの朝鮮半島や東西ドイツの分断のように、ハンガリーの中で睨み合って、緩衝地帯を設けて、融和して、緊張して、戦争をする。

第一次ウィーン包囲から第二次ウィーン包囲の時代はその繰り返しですし、第二次ウィーン包囲以後、ハプスブルクからオスマンをかなり押し返しても、相変わらずバルカン半島に長大な前線が形成されて、そこでハプスブルク帝国を守るために多くを期待されたのは、ハンガリーでハプスブルク帝国の側に付いてきた軍事貴族でありました。その中でも際立っていたのがエステルハージの一門でした。

ハイドンが雇われたときのエステルハージ家の当主は、パウル・アントン・エステルハージ。ハプスブルク帝国の陸軍元帥であり、音楽好きでもありました。その弟で、後を継ぎ、ハイドンを重用し続けたのは、ニコラウス・ヨーゼフ・エステルハージ。彼もまた陸軍元帥でした。

ハイドン、失業する

大貴族の家の楽長は何をするのか。食事や宴会やその他さまざまな機会に演奏するのです。そのために貴族の資産や位に見合った編成のオーケストラを編成し、指揮などをし、演奏する曲を作る。雇い主の趣味に合わせ、交響曲や協奏曲が好きならそういうものを、室内楽なら室内楽を作って演奏し、オペラやバレエや宗教音楽の注文があれば、歌手を集めたりして、新作を仕上げて披露する。

エステルハージは本当の大貴族で、ハイドンの雇い主だったニコラウス・ヨーゼフ・エステルハージの孫、ニコラウス・エステルハージ二世は、ナポレオンにハプスブルク家を裏切って、ハンガリーを独立させ、王にならないかと勧められたほどなのです（ニコラウス・エステルハージ二世はその誘惑を退けましたが）。

ニコラウス・ヨーゼフ・エステルハージ

それだけの家ですから、ハイドン楽長時代には、夏の別荘の敷地内に、エステルハージ家の人々だけが楽しむためのオペラハウスまであって、ハイドンはそこで上演する歌劇をせっせと作曲してもいたのでした。

ところが、ハイドンの生きた時代は、ヨーロッパの貴族の没落期でもあります。ハイドンをエステルハージの前に楽長として雇ったボヘミアの貴族がハイドンの職を解かざるを得なくなったのも、経済的な理由でした。一八世紀も下ってくると、資本主義が進み、富は都会に流れ、封建領主の貴族は次第に経済的に傾いてゆく。代々当主に元帥を出して、ハプスブルク帝国を支えてきたエステルハージ家も同様の運命を免れません。

しかも、ニコラウス・ヨーゼフ・エステルハージがフランス大革命勃発翌年の一七九〇年に逝くと、次に当主になったその息子は、先代ほど音楽は好きではなかったのです。同家の楽団は解散し、ハイドンも楽長とは名ばかりになって、わずかな年金が与えられるばかりになってしまいました。

ハイドン、ロンドンへ行く

困ったハイドンはどうするか。革命のパリで一旗揚《あ》げるというわけにもなかなかゆかないでしょう。ではよそに行くことになります。お金があって、安定して、富裕な新興ブルジョワ市民層がステータス・シンボルとしての貴族的音楽を求めてやまず、フランス革命の戦乱も海を隔てているがゆえに及びにくい国、すなわちイギリスです。革命は革命でも市民による政治革命ではなく、資本家と科学技術者による産業革命さなかのイギリスです。

ハイドンはロンドンで演奏会を開き、大稼ぎしようとしました。長年、主には、音楽の酸いも甘いも噛《か》み分けたエステルハージの趣味のよい人たちのために作曲し演奏してきたハイドンが、ロンドンの新興市民、ということは成金のような人たちをたくさん含む聴衆に喜んでお金を出してもらえるように、作曲し演奏しなくてはいけなくなったのです。

エステルハージのいつもの面々向けならば、一聴するとありきたりな紋切型のメロディだけれど、ちょっと拍子に工夫があるとか、普通ならそうはゆかないおかしな音程の進行が入っているとか、楽器の使い方に通を驚かす仕掛けがあるとか、そういう仕掛けを施すことで、新作の値打ちは担保されてゆきました。演奏場所も概して小さかったのですから、微妙な細工も聴き取ってもらいやすい。何よりも耳の肥えた貴族を喜ばす音楽は、上品であり、野卑《やひ》でなく、優雅であり、単純にすぎぬ音楽でした。ハイドンはその道をよく実践して、極めてきた大作曲家でした。

ところがどっこい、ロンドンの成り上がり者の多く含まれた聴衆には、同じ手は通用しません。

彼らは、ヨーロッパの大陸の上流階級の趣味にそれなりの憧れを持って、ハイドンのロンドンでのコンサートを聴きにくるのですから、ハイドンもそれまでと同じような音楽を作っておいても悪いことはないのです。でも、それではやはり受けません。聴衆の理解力が違う。ロンドンの聴衆の求める、上品であり、野卑でなく、優雅であり、単純にすぎぬ音楽とは、エステルハージの基準で言い直すならば、必ずしも上品でなく、ときに野卑を恐れず、優雅にすぎず、単純さや押しの強さも辞さない、気取りを捨てた音楽ということになるのです。

市民向きに変化した音楽

ハイドンは、一七九一年から翌年にかけてと、一七九四年から翌年にかけての二度、ロンドンに長期滞在し、ロンドンでコンサートをするため、さらにロンドンで楽譜を出版するため、多くの作品を仕立てました。

後の研究者の整理により、原則作曲順のつもりで通し番号を与えられたハイドンの交響曲は第一〇四番まであります。そのうち、ロンドンで活躍した作曲家で演奏家で楽譜出版者で音楽興行師のヨハン・ペーター・ザロモンの依頼によって「ロンドンの聴衆の趣味」にかなおうとして書かれた交響曲は、第九三番から最後の第一〇四番まで。ちなみにザロモンは、ベートーヴェンと同じボン生まれで、音楽家として生きやすい土地を求めて、ロンドンに流れゆき、成功した人です。

この最後の一二曲に、ハイドンの膨大な交響曲のうち、今日も愛されているものがある程度集中しているという事実を、われわれはどう受け取ればよいのでしょうか。第九四番が『驚愕』で、第一〇〇番が『軍隊』で、第一〇一番が『時計』で、第一〇三番が『太鼓連打』で、第一〇四番が『ロンドン』。ニックネームのないものの中にも、第一〇二番をはじめ、演奏頻度が高く、名曲として扱われているものが揃っています。

特に粒の揃い方は、ハイドンの第二回ロンドン滞在のために作られた第九九番以降に顕著でしょう。その意味するところは単純で、ハイドンがロンドンの聴衆の趣味についての理解を含めて書いた曲の方が、今日の聴衆にとっても名曲だということです。

もっと言うと、ハイドンがエステルハージの人々を飽きさせないように書いた曲よりも、一七九〇年代のロンドンの市民を飽きさせないつもりで書いた曲の方が、近現代の聴衆の大方にとっても楽しめるということです。

さらに飛躍して言うと、今日の聴衆の趣味の基本というか前提は、フランス革命後のヨーロッパの大都市の、貴族ではなくてそれに憧れる市民の趣味と理解力を土俵にして、できているのではないのでしょうか。

だって、われわれは、ハイドンの交響曲第五五番『校長先生』や第五九番『火事』や第六〇番『うかつ者』といったエステルハージ趣味の交響曲よりも、音楽鑑賞力が低いので本格的な楽曲の論理展開を追いきれなくなってすぐ飽きてしまい眠くなってしまうロンドンの成り上がり聴衆を脅すように唐突な轟音を立てて不意打ちして驚愕させる『驚愕』や、時計の秒針のようなメカニカルな行進のリズムを奏で続ける楽章の愛される『時計』や、フランス革命戦争を彷彿《ほうふつ》とさせる軍隊行進リズムと軍隊ラッパの響きを目立たせた『軍隊』の方を、楽しんで喜んで聴いているのでしょう。

ハイドンにとっての一七九〇年までのエステルハージ時代と一七九一年からのロンドンのあいだに「感性の革命」が起きていたと言えます。その革命は一七八九年のフランス大革命勃発に見合ったものです。その前よりも後の方が、ハイドンの音楽のメロディは通俗的で覚えやすくなり、パンチの利いた工夫が増え、大きな演奏会場で趣味のよくない聴き手までを集中させるために音量的・音圧的な工夫も増したのです。はっきりと市民向きになったのです。

そこからの音楽の「感動の回路」というか、音楽による「情動の喚起の仕方」が、今のクラシック音楽を聴く感性の大きな基になっているのです。それがつまり「感性の革命」で、その革命の担い手には一七八〇年代からのモーツァルトや一七九〇年代からのハイドンが大きな役割を果したと考えられます。もちろん『ラ・マルセイエーズ』やゴセックがいないと話になりません。

ロンドン趣味を持ち帰ってみたら

ハイドンはそういう革命をロンドン向けになして、そちらでの表現に封じ込めていたわけでもありません。ハプスブルク帝国にフィードバックさせるのです。

たとえばハイドンは一七九八年に『天地創造』を、一八〇一年に『四季』を、いずれもドイツ語の大きな合唱を主体とするオラトリオとして作曲します。

貴族に仕えてきたハイドンには、市民が参加しないと賄えないような大きな合唱を用いて、しかもラテン語に作曲する教会音楽と違って、普段話している言語で歌う大掛かりな演奏会用音楽を書くという発想はあまりなかったでしょう。ところが、ロンドンでは市民が英語で大合唱している。帝政を維持しながらも実態はブルジョワ市民層の力の増す一方の都になっているウィーンに、ハイドンはロンドンの趣味を持ち込んだのです。

そして、ハイドンが一七九七年に、フランス革命のもたらしたハプスブルク帝国の危機に民衆が立ち向かって国家総動員気分を作り出そうとする歌として『神よ、皇帝フランツを護り賜え』を作れたのも、ハイドンの実際のロンドンでの見聞が生きているからでしょう。

ロンドンでは、一七四〇年代のステュアート家の復位運動から生じた大内乱に立ち向かうべく民心を束ねるために大流行した『神よ、国王を護り賜え』がその後も歌われ続け、ハノーヴァー朝を国民が支えようとする情念を再生産し続け、フランス革命戦争の時代には、フランスの『ラ・マルセイエーズ』に対抗する音楽として立派に機能している。みんなで歌う。この先の音楽の役目はそこに尽きる。ハイドンはロンドンで思い知ったことでしょう。

だから、ロンドン体験後のハイドンの代表作は、やはり『神よ、皇帝フランツを護り賜え』と『天地創造』と『四季』に尽きてくるのです。『神よ、皇帝フランツを護り賜え』は単なる愛国歌で、『天地創造』と『四季』は本格的な大作だから別次元と考えるべきだと思われる向きもあるでしょう。それはそうなのです。しかし、ドイツ人がドイツ語で大合唱して、アイデンティティを確かめるという点では、これらの三作品はやはり同じでしょう。

皇帝か共和国かという対立を越えて考えなくてはいけません。皇帝を支えるのも、共和国を支えるのも、どちらも市民であり、民衆であり、貴族や教会といった長年の傲《おご》れる特権層の力は弱りゆく一方なのです。

そして市民や民衆を味方につけ行動させるための最大の文化装置とは、リテラシーの類よりも歌なのです。あるいは、分かりやすく骨の髄から動きたくなるリズムや覚えやすく感動させられるメロディに乗せられることなのです。

この革命と戦争の時代の総まとめをするタレントは、ハイドンの弟子でもあるベートーヴェンでしょう。

第四章 ナポレオン戦争とベートーヴェン

受け手が限定的だった時代

フランス革命が起きた一七八九年、ハイドンが事実上の雇い止めになる一七九〇年（ハイドンとエステルハージ家の結びつきはエステルハージの当主がまた代替わりしてニコラウス二世になることで、一七九四年に以前のようにとは行かないまでも、ある程度は回復するのですが）、モーツァルトが亡くなる一七九一年。このあたりに最終的な画期があったのでしょう。

それまでの、今日においてクラシック音楽と呼ばれている分野の音楽は、皇帝、王、教会、貴族、あるいは自由都市の富裕な市民といった層が担い手でした。彼らが音楽家を雇い、仕事をさせ、求める趣味にかなった音楽を書かせるということで成り立っていた。

そこでの経済的担い手であり、音楽の受け手になる人々の情動の幅は、ある程度、限定的だったと言えるでしょう。

たとえば、日本の歌舞伎の役柄には、辛抱立役《しんぼうたちやく》とか、赤姫《あかひめ》とか、赤《あか》っ面《つら》とか、悪婆《あくば》とか、類型がございまして、言うセリフから立ち居振る舞いまで類型されております。バロックのオペラでもそうです。それは、世界のヴァラエティが典型的なタイプとその組み合わせで表現できるという自信に裏打ちされてのものです。易《えき》やトランプやタロットみたいなものです（それぞれだいぶん違いますが、何十かの類型の組み合わせで世界が映せるという点では同じではないでしょうか)。

要するに、王様はこんなもの、貴族はこんなもの、神父はこんなもの、というような、決して広くない枠組みの中で、みんなが限られた振れ幅を示し、そのいちいちのほんの微妙な違いを繊細に味わうことで、この世ができ上がるということです。

絶対君主としての王がスペクタキュラーな歌と踊りの祭典を大宮殿の野外で披露するとか、大教会で巨大な典礼が大編成の合唱やオーケストラを付けて行われるとか、そういうことはあります。巨大さはフランス革命以前にも幾らでも追求されていました。

しかし、王の踊りや神を称える音楽にも、それにふさわしい振れ幅があり、巨大な規模が追求されたとしても、何が起きるか分からないということはないのです。貴族たちも、音楽で気持ちが動くということはもちろん幾らでもあるのでしょうが、そこには喜びにしても悲しみにしても「お遊び」のような「作法」があるのです。

コードがあり、決まりがあり、涙を流すにしても、心を震えさせるいつものパターンがあって、そこから外れると、下品であり、野蛮《やばん》であり、排除されてしまう。その作法はバロックから古典派へとだんだん崩れていく。それは政治史や経済史と連動している。旧秩序のたががゆるむのと比例している。

新しい時代は新しい才能を求める

その「作法」に最後の鉄槌《てっつい》を浴びせたのが、やはりフランス革命なのでしょう。

フランス革命とそれに続く革命戦争によって、民衆が主役としてたちあらわれた。役柄にはめることができない。市民、民衆、群衆、暴徒。この言葉の順番で何をしでかすか分からない。フランス革命は、長年、王の支配してきた国を、まずは一日でひっくりかえしてしまった。ほとんど神の奇跡みたいなことです。それをやったのは無名の人々です。類型不能なポテンシャルを持った人々です。

そして主役に躍り出た彼ら、彼女らは、軍歌・革命歌を歌って行進する。突撃する。戦場に行けば、大砲の大音響に取り囲まれる。大勢の人が死にもする。戦場の露にも断頭台の露にもなる。これで感性が革新されなければ、どうかしているでしょう。

そういう革命や戦争の話だけではありません。ヨーロッパの海洋国家が先行して植民地を獲得し、ヨーロッパにもたらされる富の分量がけた違いになり、商業革命が起き、産業革命（工業革命）に連なるというプロセスのもと、一七世紀、一八世紀とヨーロッパの先進地域の都市部には商工業者が増え、力を持ってゆきました。生活に余裕の出た新興市民層は、ロンドンでもパリでもハンブルクでもウィーンでも、上流階級の音楽に目を開いてゆきます。

ステータス・シンボルという言葉を思い出してください。着る物、住む家、使う食器、読む本、聴く音楽。豊かになれば変えていく。変えていかないと豊かさの証明ができない。お金ですぐにどうかなる事柄だけではなく、教養を身に付けなくてはいけなくなる。そこでは音楽に対する趣味がひとつ、とても重要になります。

市民の台頭は、平時と非常時の両面で、感性の革新を促したといってよいでしょう。商業革命があり、産業革命があり、市民革命があり、革命戦争がある。軍歌があり、行進歌があり、吹奏楽があり、大合唱があり、鼓笛隊がある。戦場の騒音があり、犠牲への慟哭《どうこく》があり、市民の豊かな暮らしがあり、楽器のお稽古《けいこ》があり、新たな上流階級の形成を目指そうとするブルジョワ市民のクラシック音楽に対する憧れがある。みんな、一八世紀の後半から一九世紀の前半に過激に重層してくるのです。

上品な音楽を求める市民が増える一方、革命と戦争による騒音経験によって、人々の求める刺激は従来のリミッターを外してくる。もっと刺激を！

どうしたらいいのでしょう？　どんな音楽がとりあえず落ち着きどころを与えてくれるのでしょう？　うるさくて、上品で、単純で、行進でき、熱狂でき、不特定多数の人々の共感可能性を高めてくれる音楽? そんなものがありますか（実はたぶんあるのですけれど。それがベートーヴェンなのですけれど）。

ベートーヴェン登場

こうした激変の時代は、音楽家たちの存在形態も大きく変えました。具体的には、収入源ががらりと変わってしまいました。

繰り返しの確認になりますが、フランス革命前の音楽家というものは、王や貴族、教会に仕えるのが当たり前でした。しかし、旧秩序の崩壊度合いに合わせて、勤め口は減っていく。ハイドンがせっかく得たボヘミア貴族の楽長の口をすぐ切られたり、モーツァルトが幾ら求職しても安定的な肩書きを得られなかったように。王や貴族、教会といった旧支配層の財政基盤は壊れる一方で、音楽家を専属で丸抱えする余裕がなくなる。結果、音楽家はもらえるお手当てが減り、フリーランスに近い生き方を強いられてゆくのです。

ルートヴィヒ・ヴァン・ベートーヴェンは、すっかりそういう時代の音楽家です。一七七〇年に、神聖ローマ帝国のカトリックのエリア、ケルンの大司教が治めるボンで生まれ育ち、ボンで青年音楽家として名声を築いたのち、一七九二年、一度目のロンドン滞在からウィーンに戻る途中にボンに寄ったハイドンの弟子となって、同年のうちにウィーンに出ました。ハイドンも暮らしのために弟子が多く欲しかったということがあります。

ウィーンではたくさんの貴族やお金持ちをパトロンに付け、個々の仕事の依頼をこなし、耳もまだ大丈夫だった頃は腕のよい鍵盤奏者としてコンサートを開き、弟子をとって教え、楽譜を出版する。そうやって稼いで行きました。

市民社会での身過ぎ世過ぎは草の種。ベートーヴェンは、そういう時代に放り込まれ、いきなりひとつの極限まで行ってしまった表現者です。ニーズに応えた典型的な音楽家です。まさしくベートーヴェンこそ、新時代を牽引《けんいん》する最高のタレントでした。

ベートーヴェン

ピアノ・ソナタ第八番『パテティック』

ベートーヴェンのピアノ・ソナタ群の中でもとりわけ有名なもののひとつに、第八番ハ短調があります。一七九九年の出版。『パテティック（悲愴）』というタイトルがついています。

一七九九年というと、ベートーヴェンはまだ交響曲の第一番も発表していません。それが初演されるのは一八〇〇年です。そして一七九九年は、フランス革命戦争の経過の中で、強烈な存在感を示すようになった天才的軍事指揮官、ナポレオンがついにクーデターを起こして、政権を掌握した年でもありました。フランス革命の混沌《こんとん》はついにナポレオンという英雄の姿に収斂《しゅうれん》してくる。

この先、いったいヨーロッパはどうなる？　感性の革新の時代に相応しい、これからの聴衆に、市民がマス（集団）としてますます加わっていく一方だろう頃合いにどんな音楽が目指されるべきなのか。ベートーヴェン自身が新しい時代のニーズに応えるような音楽をどのように意識していたのか。

そのことを考えるのに恰好なのが、この『パテティック』だと思います。この作品自体がきわめて個性的で強烈ですし、この『パテティック』のあと、ベートーヴェンの創作力は、交響曲や弦楽四重奏曲へと噴出してゆき、「ベートーヴェンらしさ」がどんどん軌道に乗って行くのです。

この『パテティック』について考えるにあたり、まず注目したいのは、タイトルです。交響曲やピアノ・ソナタや弦楽四重奏曲にも、古今、多くのタイトルが付されています。それはしばしば作曲家本人ではなく、第三者の付けたあだ名です。ハイドンの『驚愕』も『太鼓連打』も『軍隊』も『時計』も『ロンドン』も『奇跡』も、自分でつけたものではないでしょう。聴いたらみんなが音響効果に驚いたから『驚愕』と人がつけ、聴いたらミリタリー・マーチのようなところがあったから『軍隊』と人がつけ、演奏中に客席の上のシャンデリアが落ちてきたのに誰もケガをしなかったから『奇跡』と人がつけた。そういう例がとても多いのです。

ベートーヴェンの場合でも、たとえばピアノ・ソナタ第一四番は『月光』ですが、それは第一楽章を「月明かりの下をさまようような」とか評した人があったために、世間から『月光』と呼ばれるようになりました。ベートーヴェン自身は月明かりの音楽のつもりはなかったかと思います。

ところが、『パテティック』は違いました。ベートーヴェンが自分でこのタイトルをつけています。本人がつけたのですから、ニックネームではなく副題と言うべきかもしれません。

はて、どんなつもりで、ベートーヴェンは『パテティック』というタイトルをつけたのでしょうか。正確な答えはよく分かりません。しかし、推理してみることはできる。パテティックの語義の点から考えてみることにいたしましょう。

「パテティック」の本義

「パテティック」というのはフランス語ですが、広く一般的に「悲愴」と訳されています。「悲愴」という漢字の字面から伝わってくるのは、ただただ悲しくて凄愴《せいそう》ということでしょうか。しかし、この訳語はベートーヴェンのピアノ・ソナタのタイトルの「パテティック」に相応しいのでしょうか。

私が子供の頃から使っているフランス語の辞書がございます。語彙《ごい》は多いが用例の説明が分かりにくいというので、「こんな辞書で勉強していてはダメだ、おまえは馬鹿なのか」と、中学のときにフランス語の教師にその辞書を取り上げられて、それで頭を殴られたということがありました。

その仏和辞典を開いてみますと、「パテティック (pathétique)」の項目には、「悲愴な、悲痛な、哀れ深い」という意味も当然記されています。ですから、ベートーヴェンの『パテティック』を『悲愴』と訳すのはもちろん正しいのです。

ただし、この仏和辞典で、「悲愴」を押しのけて、言葉の原義としていちばん最初に書かれている意味は「感動させる」といった意味なのです。「pathétique」と並んで隣り合って辞書に載っている言葉は、「pathétisme」です。「感動させる方法」という意味を持ちます。

これら「path-」で始まる言葉は、つまりパトスから来ているわけですが、悲しいということではなく、「感動させる」という意味が第一義なのです。涙を流させるほどに感動させるテクニックが「パテティック（pathétique）」なのです。

そこから第二義的に発生した意味が、「悲愴な、悲痛な、哀れ深い」ということではないでしょうか。涙を流すほど感動する状態というのは、嬉しくて泣いても悲しくて泣いてもいい。強い情動が生ずれば、みんなパテティックだと思うのです。「歓喜の歌」でも「悲愴な歌」でもパテティックなのです。

でも、激しく心が衝《つ》き動《うご》かされるというと、悲しい方がしばしば強烈ですから、パテティックの意味には「悲しい」はあっても「嬉しい」は辞書的にはありません。ですからパテティックは「悲愴」でもいいのだけれども、あくまで「感動させる」が先にあって、そのうえで第二義的に「悲愴」が生じるわけです。

といたしますと、パテティックの意味は、第一義的には強く情緒を動かされることですから、ベートーヴェンが「パテティック」と付けたときに、日本語で言うところの「悲愴」の意味が先行するつもりだったかというと、そこはどうでしょうか。

あとはまったく推測の域を出ないのですが、ベートーヴェンはピアノ・ソナタの題名に『パテティック』と付けて、そのあと、強い情動の表現をベートーヴェンのトレードマークとしていく。逆に言えば『パテティック』の前の作品群には、後のベートーヴェンらしさはまだまだ弱いようにも思うのです。

ということは『パテティック』は『悲愴』ではなくて、多くの人々を強く感動させるための音楽の方法の探求くらいの意図を示す題名ではないかとも感じられてきます。ベートーヴェンの時代性を考えると、そういう解釈はありうるのではないでしょうか。

新時代にみんなを感動させる方法

音楽で人々を感動させる方法。そんなものは、上流階級の音楽においては、新しく探求しなくても決まっていたのです。

旧時代ならば、本章のはじめに少しふれたように、作法があり、文法がありました。それが崩れてくるから、ハイドンやモーツァルトの音楽は彼らの人生の後ろに行くに従い、変化してゆくのです。

『ラ・マルセイエーズ』に突き動かされるような市民、民衆、群衆、国民軍兵士が歴史の主役に躍り出てくるとき、フランス革命とフランス革命戦争のとき、新世代の作曲家は、たとえばハイドンの続き、ディタースドルフの続きをどうやればよいのか、真剣に考慮しなければなりません。ハイドンの弟子でもあり、フランス革命勃発の年に一九歳というベートーヴェンこそ、そういう役を務めるのにふさわしいひとりだったでしょう。

では具体的にピアノ・ソナタ第八番はどのような音遣いによって、新しい人々のための感動の方法を提案しているのでしょうか。

とりあえず、第一楽章の冒頭の一小節目を見てみましょう。出だしから強烈かつ単純の極みです。ハ短調の主和音を鳴らすのです。ハ短調のド・ミ・ソ、それつまりドとミのフラットとソということです。短三和音です。

西洋クラシック音楽は、バロックから古典派の時代にかけて、長調と短調を音階の基本とし、長調にはドとミとソの長三和音を、短調にはドとミのフラットとソの短三和音を付けて、和声的な音楽を発達させました。

ベートーヴェンのピアノ・ソナタ第八番は、キイがハ短調ですから、ハ短調の音楽でハ短調の主三和音である短三和音のドとミのフラットとソが鳴り響くのは、どの作曲家が作ろうとハ短調である限り当たり前なのです。

でも、ベートーヴェンはここで冒頭から強く叩きつけるようにいきなり短三和音を鳴らしてくる。単純すぎてびっくりするほどです。直截《ちょくせつ》的なのです。

しかも、短三和音を鳴らすと言っても、厚い。主音のドは三オクターヴにわたって叩かれる。オクターヴの違うドが、合わせて三つ入っている。そして、一番下のドと真ん中のドは、それぞれそのオクターヴ内で短三和音を形成する。低い方から行くと、ド・ミのフラット・ソ・ド・ミのフラット・ソ・ドと、両手一〇本の指のうち七本を使って、厚くハ短調の主和音をこれでもかとぶっ叩くわけです。誰がどう聴いても、しつこいくらいの、押しつけがましいくらいの、くどいほどの短三和音です。

その短三和音に乗って、メロディが出て参るのです。それは、第一楽章を支配するのみでなく、第二楽章にも、第三楽章にも、ともに現れて、全曲を律する動機として働きます。

その旋律とはどんなかたちでしょうか。単純化して骨格のメロディだけを示すと、ハ短調で「ド・レ・ミ・レ」です。この四音から成る単純な旋律が長いソナタの全体を構築するのです。ハ短調で「ド・レ・ミ・レ」とは、実音では、ドからレへ、さらにミのフラットへ動いて、またレに下がるということになります。要するにハ短調の音階の第一音から第三音までしか使わないで、しかも順次進行、隣り合った音を行き来するかたちでしか動いていないのです。

輪唱曲としておなじみの『蛙の歌』でさえ、「ド・レ・ミ・ファ・ミ・レ・ド」と順次進行でも長調の第一音から第四音までを使っている。『パテティック』は短調の第一音から第三音までである。『蛙の歌』よりも『パテティック』の方がテーマの旋律に関していえば、より原初的で単純ともとれるわけです。それはつまり、多くの人の耳にとても覚えやすいということでもあります。

ハ短調の主三和音というハ短調にとっていちばんシンプルな和音をこれでもかとぶちかます。そのあとは、人を食ったかのような短調のド・レ・ミの音階を行き来するだけで、「これが基本動機です、この曲のモットーであります」と宣言する。

短三和音は、西洋音楽では強い感情を揺り動かす和音の筆頭のように、さまざまな音楽を聴いていれば刷り込まれる和音です。そこにやはり一般に強い情動を喚起する音階とされる短調の第一音から第三音までの順次進行という、多くの人が一回聴けば聴き間違えずに覚えられてしまうくらいの、これ以上単純なものは難しいというくらいに、切り詰められたシンプルなメロディを奏でる。

そのメロディを記憶すれば、それをモットーにして全曲が構築されているこのピアノ・ソナタを、かなり味わい尽くせるようになる。鑑賞のハードルがとても低いと言えるのです、そのうえ、短調の原初的な力を生々しく単純明快に使っているので、これはもう情が動きやすい。

ベートーヴェンとナポレオンの共通点

もうお判りでございましょう。ベートーヴェンは確かにこのピアノ・ソナタで、パテティックというタイトルにいかにも相応しいことを試しているのです。『ラ・マルセイエーズ』に感動できるくらいの音楽性をとりあえず持っていれば、上品に洗練され論理的に鍛えられた耳をまだ持たずとも、十分に鑑賞でき、よく心を動かされ得る楽曲を探求している。『パテティック』は、新時代に即したパテティスム、感動させる方法を探求する音楽に相違ないと思うのです。

ベートーヴェンは『パテティック』において、ひとりでも多くの新しい時代の人々を感動させる方法を提案している。誰でも覚えられるシンプルなメロディを、誰でも強烈に感じる短三和音の強打のうえに乗せる。たとえ、軍歌や行進曲や賛美歌や聖歌をたしなむ程度で、それ以上の音楽にはあまり接したことのない一般市民であっても、取り付く島があるくらいの劇的なソナタを、ベートーヴェンはハ短調の「ド・レ・ミ・レ」という旋律を周到に労作し、単純なのに飽きさせない猛烈な力のこもった音楽にして、実現してしまっている。

主音のドを三オクターヴにわたってぶっ叩くくらいの厚い音がベートーヴェン流になるのも、革命と戦争の轟音がヨーロッパの耳の新しい標準になったとすれば、納得できるでしょう。ベートーヴェンの音の厚さと熱さは、ベートーヴェンの規格外の溢れ出る個性の表現と言うよりも、フランス革命戦争やナポレオン戦争の音響感覚に合った規格通りの表現と捉えた方がよいように思われます。

とにかく、新時代のパテティスムを探求していきなりとてつもない成果を上げてしまったのが、ピアノ・ソナタ第八番『パテティック』なのでしょう。

そんなベートーヴェン流は、当時の洗練された玄人《くろうと》から見ると、びっくりしてしまう要素を多分に含んでいました。単純すぎるのです。押しつけがましいのです。しかし、単純なものを緻密《ちみつ》に扱うテクニックにおいてベートーヴェンに優る者は、滅多に居はしませんでした。押しつけがましくとも、その力をダルにせず、テンションをかけ続けて人の気をそらさず、正面から堂々と突破してしまうのも、ベートーヴェンの凄腕です。

正面から突撃して寄り切るベートーヴェンの新しい作法は、そう言えばナポレオンの戦術を思わせるかもしれません。

単純な動きしかできない、まことに洗練されていない、民衆の兵隊を素直に活用し、単純な動きしかできないことをまさに逆手に取って、正面から突っ込ませる。もちろん、どこに幾つのラインを突っ込ませるかは、作戦、計略のうち。それぞれの単純な動きを単純なままに使いながら、その単純の組み合わせ方に知恵を巡らす。ややこしいことはしづらいが質実剛健をモットーとする国民軍の兵士たちの効果的使用法を考え抜く。ドリルのような猛烈なプレッシャーを相手にかけて、錐《きり》で穴をあけるように鋭く突破してしまう。革命フランスの国民軍の特性をネガティヴに思わず、ポジティヴに取って、全展開して勝利を呼び込む。

国民軍兵士の稚拙な動きは、ハ短調の「ド・レ・ミ・レ」という、これがソナタの中心的な素材に本当になるのかと思わせる素朴さと、並行してとらえられるでしょう。一七九〇年代にナポレオンの覚えた戦いの仕方と、同じ年代にベートーヴェンが国民軍的な人々、普通の市民を巻き込んで彼らに感動をもたらそうとする作曲の仕方とは、とても似ております。

グラーヴェと葬列

それから、『パテティック』の第一楽章の冒頭、ハ短調の主和音がどすんと響かせられ、ついでハ短調の音階に乗る原初的とも言える短い旋律が全曲を有機的につないでみせる動機として出現する部分のテンポを、作曲家がどうとってほしいと考えていたかについても、触れておきましょう。

西洋音楽では曲のテンポを表す言葉がたくさんあります。クラシック音楽の本場はイタリアということになっていますから、イタリア語が普及しています。ドイツの作曲家はドイツ語で、フランスの作曲はフランス語で、英米の作曲家は英語で、遅くとか速くとか、時代が下れば下るほど表示するようになりますが、まずはイタリア語。ベートーヴェンもイタリア語です。

よく使う基本的な速度の標語のイタリア語を、速い方から遅い方へと並べると、プレスト、アレグロ、モデラート、アンダンテ、アダージョ、ラルゴ、レントとなるでしょう。プレストより速くしたいとプレスティッシモ、レントより遅くしたいとレンティッシモと最上級の表現を使うこともできます。あるいは、たとえばアレグロ・ノン・トロッポとすれば、速いけれども速すぎずに、という意味となり、つまり本当の突っ走るアレグロよりも若干手綱を締める意味を込められるでしょう。

そのようにイタリア語を按配《あんばい》すれば、作曲家の想定する速度を、だいたいは楽譜に記すイタリア語で、演奏する者に伝えられる。西洋の上品な音楽はそのように発達してきました。

すると、『パテティック』の第一楽章のあたまにベートーヴェンは何と記しているのでしょうか。そこにも新時代の新しい人々を感動させる方法を探求するための実験のつもりなのかもしれない言葉が記されております。アダージョでもレントでもない。ただグラーヴェと書いてある。綴りはGrave。やはりイタリア語で、ラテン語のgravisに由来しており、重々しくとか荘重にとか重厚にとか、そういった意味になります。

このグラーヴェは楽譜に書かれる言葉には違いないのです。しかし、一般には速度のための用語ではなく曲想を指示する用語と認識されています。ブリランテなら輝かしく、カプリッチョーゾなら気ままに、レッジェッロなら軽やかに。そうした言葉の仲間として、グラーヴェなら重く。そういうことです。

軽やかなアダージョも軽やかなアレグロもあってよいように、華やかなアンダンテや華やかなプレストもあっていいように、重々しいというのは音の質感をまずは示す言葉でしょうから、中庸の速度で重々しい響きを鳴らすつもりで演奏することもできるでしょう。速めだが重々しいとか、遅めで重々しいとか、みんなありうるのです。

その意味のグラーヴェのつもりで、ベートーヴェンが『パテティック』の冒頭に記したとすれば、重々しいように聴こえれば、速度については特に指定しないというつもりで作曲家は居るのかとも、思われてきます。三オクターヴにわたってドの音を強く長く鳴らすのですから、これはグラーヴェと書こうが書くまいが、どうしたって重くなるに決まっているのでしょうけれど。

ところが、日本の作曲家、諸井《もろい》誠は面白い指摘をしています。グラーヴェは、アダージョやレントよりも、もっと遅いテンポを示すために使われることがあるというのです。その例として出されるのは、ベートーヴェンと同じウィーンの作曲家ではありますが、時代は一世紀後ろのアルバン・ベルクです。

重々しくという言葉は、いろいろな速度に組み合わせ可能でしょうし、象の全力疾走するイメージを思い起こせば、アレグロのグラーヴェだってあるでしょうが、それでも重々しいと動きにくいというのがありがちなことですから、グラーヴェがそのまま速度を意味する用語になってもおかしくはない。諸井誠の説を信じて言うならば、ベートーヴェンは『パテティック』の冒頭を、アダージョやレントといういつもの言葉では示せないほどに、もっと遅く、止まっているくらいでやってくれと叫んでいるのかもしれません。

何しろ一七九九年に出版された作品、作曲そのものは一七九八年から行われたと考えられている作品なのです。ナポレオンが英雄的に活躍するフランス革命戦争のただなかの音楽です。革新の時代、英雄の時代は、ブリランテであり、ヒロイックでもありますが、それは慟哭の時代と表裏一体です。

ベートーヴェンの発明

感動には喜びもあれば悲しみもあると申してきました。ベートーヴェンは、貴族的な訳知りの喜びや悲しみではなく、フランス革命からの新時代にふさわしい、市民、民衆、群衆にまで、ダイレクトに伝わる喜びや悲しみを探求した作曲家ではないかとも申しているつもりです。

でもピアノ・ソナタの『パテティック』の感動のベクトルは、少なくとも冒頭に関していえば「悲愴」の方にやはり向いているのでしょう。分厚い短三和音をとまらんばかりに痛切にぶっ叩く。これが悲愴でなくてなんでしょうか。慟哭しているのです。

なぜなら一七八九年からの英雄的革新の時代は、すなわち破壊と殺戮の時代だからです。革命と戦争によって身分が危うくなり、財産がなくなり、身内が死に、外国に逃げ、もう自分も死にそうである。こういうことがとても増えている。フランス革命の巻き起こした騒動はそれまでの出来事とは、思想的インパクトも違えば、それよりも何よりも実際に物理的に起きる暴力の規模が異なっている。

暴力が振るわれれば、辛くなってみんな泣きたくなる。これが一七九〇年代のパテティックのひとつの基本です。もちろん圧政から解放されて歓喜することもある。これまたもうひとつの基本です。

ともかく感情がどちらに振れるにせよ、大きくなる。それに見合った音楽は、とてつもなく速くなったり、とてつもなく遅くなったり、音が大きすぎたり、小さすぎたりするでしょう。それがベートーヴェンなのです。

ベートーヴェンは、新しい時代の人の心を動かす「音楽の文法」というか「音楽の修辞術」を一世一代で発明し、実践し、ほとんどひとりでやれることをやり尽くしてしまったとさえ言えるでしょう。

これは、与太話の域になりますが、グラーヴェの grave というイタリア語の綴りは、英語で墓を意味する名詞の綴りとまったく一緒です。イタリア語の「重々しく」と、英語の「墓」では、綴りはたまたま同じでも、語源は違うと思うので一緒にしたら無教養のそしりを免れませんが、でも日本語には掛詞《かけことば》もあるではありませんか。同じ綴りなら、ダブル・ミーニングと解釈していけないこともないのではないでしょうか。

フランス革命と葬送行進曲

フランス革命は、まずフランス国内で、ついで対外革命戦争の勃発により、死者の多い世界を現出させました。

フランス革命政府によく協力し、一七九〇年代パリの音楽界で指導的立場を保ち、その時代に相応しい大音響で吹奏楽本位の叙事的音楽を次々と生み出した大作曲家がゴセックであるという話を、第二章でいたしたかと存じますが、そのゴセックの作品で、節目節目にしばしば演奏され、革命の都のパリを象徴する音楽になり、ゴセックの曲としてもよく人口に膾炙したものは、吹奏楽編成のための『葬送行進曲』でした。

革命と戦争による大量死の時代をよく表すのは、葬送行進のための音楽なのです。『ラ・マルセイエーズ』のB面はゴセックの『葬送行進曲』です。それがフランス革命の音楽配置図というものです。

ナポレオン戦争の経過においても、敵も味方も戦地で、戦死者の音楽付きの葬送儀礼を行い、そこではだいたいが軍楽隊による吹奏楽の葬送行進曲が奏でられました。ゴセックのものに限らず、さまざまな作曲家の手になる葬送行進曲です。

葬送行進曲は、むろんフランス革命より前の時代から必要に応じて奏でられる、古い楽曲分野のひとつでした。けれど、フランス革命以来、ゴセックが中心となってパリで推進し発達させた、トルコ行進曲流行時代もふまえての、野外演奏用の吹奏楽団が、ナポレオン戦争期のヨーロッパの音の風景を変えました。葬送音楽は一七九〇年代からの新しいトレンドであり、民衆兵士を含め、多くの人の心を激しく動かす音楽のひとつの代表になったのです。

だから、ベートーヴェンの『パテティック』の第一楽章の冒頭もグラーヴェが英語の墓と掛詞になっていて、そこに葬送の音楽が一七九〇年代のパテティックな音楽の典型だということを含みこんだベートーヴェンの仕掛けがあるのだという想像は、もう困った妄想みたいなもので、みなさんには大いに眉に唾《つば》を付けて頂いて、呆れてほしいのですけれども、とはいえ、頭の一隅にとめておいて頂くくらいなら、悪いこともないのではないかと、愚考しております。

交響曲に入り込む葬送行進曲

とにかくベートーヴェンは『パテティック』のあと、満を持して、ついに堰《せき》を切ったかのように、新時代の感動の方法についての創意工夫に満ちた作品を、特に交響曲の分野で、次々と発表していくのですが、葬送行進曲が、そのベートーヴェンの交響曲に出て参ります。第三番変ホ長調の第二楽章が、長大なアダージョの葬送行進曲なのです。

第三番は『英雄』というニックネームで呼ばれています。『パテティック』と違って、ベートーヴェン自身はそうタイトルを付けていません。にもかかわらず、『英雄』と呼ばれるようになったのは、ベートーヴェンがこの交響曲をナポレオンに捧げるつもりで書いていたという物語が広く知られたからでしょう。この時代に英雄と言えば、否も応もなくナポレオンなのです。

ベートーヴェンはこの交響曲にナポレオンへの献辞を付けていた。でも、それを破り捨てた。とはいえ、この交響曲はナポレオンをイメージし、彼を称えるべく作られたものだ。したがって『英雄』と呼ばれるにふさわしい。そういう理屈です。

一八〇四年の一二月、第三番の交響曲は、ウィーンで試演されました。けれども、この年の春にナポレオンは皇帝となり、まさに試演と同じ月に皇帝の戴冠式が催されます。フランスは革命の共和国から転じて「第一帝政」の時代を迎えました。

ナポレオン

ベートーヴェンはハプスブルク帝国の音楽家になっていたとは言え、新時代の思想には共感を持っていたはずなので、フランス革命の理想とその体現者としての英雄なるイメージを信じていたと思うのですが、ナポレオンが帝位に就いたことで大いなる幻滅を味わった。献辞を破り捨てた理由はそこにあるというわけです。

けれど、そもそもハプスブルク帝国の敵であるナポレオンを賛美する交響曲を、ハプスブルクの首都、ウィーンで書いていておかしくないのかという疑問も呈されるかもしれません。

そこはとりあえずはおかしくなかったのです。なぜなら、ナポレオンとハプスブルク帝国はずっと戦争を継続していたわけではない。一八〇一年のリュネヴィルの和約で、フランスとハプスブルクはいったん手打ちしていたのです、次にまた始まるのは一八〇五年。『英雄』はそのあいだに作られて初演されました。

この通称『英雄』では、一つの長大な楽章（第二楽章）がまるまる葬送行進曲になっております。ナポレオンを称えるのか称えないのかとは関係なく、この部分こそ、一八〇四年ならではの新しい感動の方法の探求でしょう。

確かに葬送行進曲は一七九〇年代からヨーロッパ中に鳴り響いていました。でも、それは野外の葬送行進において実用的に演奏されていたのであって、コンサートの交響曲の緩徐《かんじょ》楽章が、野外の吹奏楽の葬送行進曲を管弦楽で模しての延々たる葬送行進曲というのは、極めて新しいアイデアでしょう。

そのつい十何年前までは、たとえばハイドンはエステルハージ家に仕え、貴族の慰安のためにシンフォニーを書き続けていた。そこで葬送行進曲をやりますか。普通やらないでしょう。

ところが、戦争と革命が人々の感性を一新してしまった。葬送行進曲は、特別な誰かの葬儀のためでなく、人々が演奏会で交響曲として聴いても、人の死をさまざまに思い、感動できる楽曲になりえていた。そこをベートーヴェンがつかまえたということなのです。

当時のウィーンの演奏会を聴きに来る人の中には、戦場を経験したばかりの軍人も多く含まれていたことでしょう。からくも生き延びた傷痍《しょうい》軍人などもいたでしょう。家族を戦争で失った老若男女がたくさん会場に座っていたことでしょう。そこに葬送行進曲。どんなにパテティックなことか。初演当時のウィーンで人々は、ベートーヴェンの葬送行進曲付きの大交響曲によって、まさに今を体験したのです。

オペラを超えるオペラ

交響曲第三番『英雄』のあと、ベートーヴェンが手をかけたのはオペラ『フィデリオ』です。『フィデリオ』という題名に落着したのは、ナポレオン時代がいよいよ終末を迎えつつあった一八一四年のことで、一八〇五年に初稿を初演したときは『レオノーレ』でした。

一八〇五年というと、ハプスブルク帝国はロシアやイギリスと第三次対仏大同盟を組んで、ナポレオンのフランスに挑んだ年で、このときはついにナポレオン軍に、オスマン帝国の大軍勢を退けてきたウィーンも占領されてしまいました。『レオノーレ』の初演がウィーンで行われたのは、まさにそのタイミングだったのです。

ドイツ語オペラだというのに、オペラを観に来そうなウィーンの貴族や市民は多く逃亡していて、劇場を埋めたのは、フランスのウィーン占領軍の兵士でした。彼らの多くはドイツ語を解さない。話がまったく分からず、大いに退屈されたようです。

この『レオノーレ』、のちの『フィデリオ』はどのようなオペラなのか。初演は予定外の観客たちを迎えて失敗してしまったとはいえ、交響曲第三番を凌ぐほどの新時代的な発想が作品の根幹をなしております。まさにこれぞベートーヴェンのオペラなのです。

オペラというのは、ソプラノ歌手とか、テノール歌手とか、バリトン歌手とか、普通は誰か特定の人間が主役になります。歌劇ですから、御芝居ですから、主役が定まらないと回りません。モーツァルトの『フィガロの結婚』だったら、主人公はフィガロです。そういうキャラクターが舞台に立って、音楽とドラマを一体としてゆきます。

したがって当然ながら、フィナーレにおいてもその主役の歌い手が目立つものです。もうそこまでで死んでしまっていることもしばしばありますが、主役は主役です。その主役を讃えるような合唱でフィナーレになったとしても、基本的に舞台においては個人が目立っていなければなりません。たとえ息絶えていても。主人公の特別さ、スター性を浮き立たせるのが、オペラです。主人公は人気歌手が務めるものです。その人が目立たなかったら、興行にもなりません。

ところが、ベートーヴェンの『フィデリオ』はだいぶん様相が違うのです。この作品のあらすじは次のようになっています。

いわゆる自由主義者や進歩的な貴族、革命運動家が牢獄に囚われ、抑圧されている。その牢に閉じ込められている、フロレスタンという人物には妻がいた。名をレオノーレという。彼女は夫のフロレスタンを助けたい。男装してフィデリオと名乗り、夫を助けに行く。なかなかたいへんだ。

その苦労がドラマの核心のはずです。英雄ではなく烈女の活躍物語のはずです。ところが最後はとてもあっけないと言えばあっけない。妻による夫の救出物語は、妻の努力と違ったところで大団円に導かれる。お触《ふ》れが出るのです、お触れが。お触れによって囚人が一気に解放されるのです。

元も子もないことを言いますと、結局はお触れが出て解放されるのであれば、別に妻が助けに行く必要はなかったのです。妻の奮闘でドラマを引っぱっておきながら、最後には妻の努力とは無関係に、夫の救出という目的が達成されてしまう。つまり『フィデリオ』においては、主人公ならではの特別さ、スター性、超人性みたいなものが、最後には消えてしまう。

音楽的にも、独唱者はコーラスに飲み込まれてしまいます。ほとんど合唱が主役になった、カンタータやオラトリオみたいなものにオペラが化けていく。ビジュアル的にもオペラの主人公や、副主人公であるはずの人たちもキャラクターが立たなくなり、マスが主役になって終わってしまう。

このような特徴があるために、『フィデリオ』は「オペラらしくないオペラ」と言われてきました。「ベートーヴェンがオペラ向きではないから、こんな作品になってしまった」と批判されることすら、現代になってもあります。

個人でなく集団

では、どうしてベートーヴェンは、『フィデリオ』という、オペラらしからぬオペラを作ったのでしょうか。そこにはやはり、革命と戦争の時代状況が反映されていたと思います。

フランス革命からの革命と戦争を動かす主役は、これまでも触れて参りましたように、個人ではなく集団なのです。民衆が立ち上がったのがフランス革命であり、国民軍が主役になった戦争が、フランス革命戦争であり、皇帝ナポレオンのナポレオン戦争でした。ナポレオンという英雄が超人的に神のように突出しもしましたが、それは集団の時代を導くために、旧秩序を破壊し尽くすために短く咲いた、あだ花とはいいませんがはかなく散る花のようなものでした。『フィデリオ』がオペラなのに、主人公をたてないかのように、個人を集団に包み込むかのように終わるというのは、そうした時代像を写し込んでいるのでしょう。

そう、『フィデリオ』においては、主役は実は最初から合唱なのかもしれません。断定してしまっては言い過ぎですが。

そもそも『フィデリオ』は、『ドン・ジョヴァンニ』や『ローエングリーン』や『カルメン』と同じで、主役と思しき個人名がオペラの題名にもなっています。レオノーレという女性がフィデリオという変名を使って男装し、獄に押し込められた夫のフロレスタンを助けだそうとする。レオノーレには立派なアリアもある。フロレスタンをはじめとするその他の重要人物たちにも活躍のしどころ、聴かせどころが用意されている。オペラなのだから当たり前です。

それに比べて合唱は名もなき大勢の役を務めるだけである。その意味では主役どころか脇役、端役、どうでもよい役なのかもしれません。

しかし、物語や音楽の中身を考えれば、合唱の存在はやはり限りなく重いのです。ラテン語でフィデーレと言ったら、「忠実に」とか「誠実に」とかを意味します。フランス語のフィデールやイタリア語のフィドなどはそこから来ます。オペラ『フィデリオ』でのフィデリオは、人の名ではあるのですが、誠実や忠実といった意味を明らかに背負っている。

生身の血の通った個性的な人と言うよりも、象徴的なのです。レオノーレは人に尽くす人であると、何よりも行動によってはっきりさせてゆくのですけれど、そんな存在であることをアクションする前から観客に示すべく、役名からしてフィデリオとなる。とりあえずそういうことでしょう。

すると、フィデリオことレオノーレは誰に対して忠実なのでしょうか。もちろん直接的には夫のフロレスタンに対してです。夫に貞節な妻。だがそれだけの含みなら『フィデリオ』は、さすがベートーヴェン唯一のオペラということにはなりますまい。

レオノーレの忠誠心は確かにまずは夫に向けられております。すると、夫のフロレスタンはなぜ獄中に居るのか。個人的ないざこざや盗みや傷害殺人のせいではありません。私的な欲得ゆえに囚人と化したのではありません。さっき述べましたように、政治的信条ゆえです。思想犯であり政治犯。フロレスタンは、貴族階級に属しているのですが、特権に傲る者ではなく、むしろ特権を進んで放棄して民衆と相和し、自由主義的・民主主義的社会を建設したい開明的人物です。それゆえに抑圧的な政治体制のもとでは危険人物とみなされ、押し込められているのです。

革命精神の象徴

つまり、フロレスタンとは、決して個人の特殊事情に縛られてイメージされる存在ではないのです。この人もまた象徴なのです。自由を求める時代精神の象徴なのです。革命精神と言い換えてもよいでしょう。

そして革命精神は『フィデリオ』においてフロレスタンひとりに託されているのではあ

りません。獄に政治犯としてつながれているのはフロレスタンひとりではない。大勢居る。フロレスタンは、大勢の中心的存在ではあるが、あくまでひとりである。

よってフィデリオことレオノーレの夫を獄中から解放したいという貞節心は、夫を含むすべての政治犯が解放される環境が整わなくてはフロレスタンとレオノーレの夫婦の真の安心はないという論理によって、全政治犯の解放の物語に発展せざるを得ません。レオノーレの貞節心の対象はかくして単なる夫の次元を超えて、革命思想への忠誠、民衆の自由への渇望といったところまで拡大されてくるのです。

もちろんそこまで大袈裟《おおげさ》に考えずとも『フィデリオ』は上演できるし鑑賞できます。新しい民衆的な思想は持っているのかもしれないが、革命によってではなく国王の慈悲のお触れによってやっと救ってもらえた夫婦の物語であって、それ以上でもそれ以下でもないつもりで、演奏し歌唱し演出しても、何も支障はありません。

でも、フィデリオことレオノーレの夫への貞節は、人間愛、人民への共感、自由思想への賛美、人類への賛歌に連動していると解釈されうると長く思われてこそ、ベートーヴェン唯一のオペラに相応しいものと見えてくるのです。

そのような自由主義的『フィデリオ』理解は、台本と音楽の構成から考えても、おかしいということにはなりますまい。夫婦の愛にあくまで焦点があるのなら、オペラの構成も、フロレスタンとレオノーレのそれぞれのアリアを積み重ねたうえで、夫婦の愛の二重唱によって頂点を極めてゆけばよいのです。

ところが必ずしもそうなっていません。『フィデリオ』を頂点に導くのは愛の二重唱だけではない。それよりもむしろ合唱なのです。

合唱がもたらす効果

このオペラは二幕からなっています。音楽的構成から見ると、両方の幕とも合唱の登場によってピークが作られます。しかも合唱は独唱を増強するために背景的・援軍的に用いられるのではありません。そうではなくて、合唱の演ずる集団がほとんどドラマの主役の座を乗っ取ってしまうのです。

第一幕では第九場で舞台に囚人が溢れてきます。演出のしようにもよりますが、このオペラで解放されずには済まない人とは、フロレスタン個人ではなく、フロレスタンをとりあえず代表とするところの囚人たちというマス（群衆）なのだと、強く印象づけられ、オペラの正体、真の物語的主題がマスの救済にあると、視覚的にも聴覚的にも開示される場面でありましょう。

かくして第一幕はマスの顔見せと引っ込みによって結ばれます。第一幕は、台本のト書きに従えば、一時的に牢から出された「囚人たち＝合唱」が、再び牢に閉じ込められ、鍵が掛けられるところで終わるのです。

それを受ける第二幕はどうなるか。当然ながら鍵が開く。第二幕の押し詰まってくる第五場には、フロレスタンとレオノーレの愛の二重唱が用意されています。けれど、そこにオペラとしての頂点があるとは言えません。夫婦とその他の重要人物は幕切れに向かって合唱に飲み込まれてゆきます。合唱がそこで演じるのは、解放された囚人だけではありません。監獄の外の世界から押し寄せてくる民衆も兼ねている。フィデリオことレオノーレは、レオノーレを称える大群衆を従えるのではなく、音楽的には大群衆に埋没してマスの一部と化してしまうかの如くになる。

この終結部だけを取り出せば、『フィデリオ』はもうオペラというよりはオラトリオかカンタータの類いでしょう。オペラが進めば進むほど、フロレスタンとレオノーレの夫婦のキャラクターが立って個人としての性質が深まってゆくのではなく、むしろ寓意性・象徴性が印象づけられてくるのです。夫婦愛が貫徹するよりも、監獄内部の囚人と監獄外部の民衆が声を合わせることに、『フィデリオ』の面白みもカタルシスも最終的にはあるのです。

監獄内部の囚人の象徴がフロレスタンで、監獄外部の民衆の象徴がレオノーレ。極端な言い方をすれば『フィデリオ』とは、囚人の合唱と民衆の合唱によるカンタータのような作品としても表現できる象徴的な筋立てを、フロレスタンとレオノーレに仮託することでとりあえずオペラ化しているのです。しかし第一幕でも第二幕でも、終いには合唱が突出してくることで、登場人物個人個人の織りなすドラマとしての次元を超えた、カンタータ的な性質を、時間進行とともにあらわにしてゆく。かなり特異な音楽作品と解することもできるかと思われます。

要するに『フィデリオ』は、単にレオノーレがフロレスタンを解放したいオペラではなく、大勢の民衆が大勢の囚人を解放したい含みを持つオペラなのでしょう。

だから、男とか女とか夫婦とかの物語に見えながらも、たとえば『フィガロの結婚』のフィガロや『トリスタンとイゾルデ』の題名役のふたりのように、レオノーレとフロレスタンに特別な個人の顔を追いかけても、しようのない面もあると思われるのです。彼と彼女は典型であり類型である。そして結局、典型や類型の担うマスそのものが姿をはっきりさせねば物足らないので、合唱がわっと出てきてすべてをかっさらってしまうのです。

バスティーユ襲撃と『フィデリオ』

個人が群衆に転化し、独唱が合唱に飲み込まれてしまう。いったい何なのでしょうか、これは。

『フィデリオ』の物語展開と音楽の両面にあらわれるこのような群衆重視の性質は、『フィデリオ』なるオペラが生み出され受け入れられることを可能にした、作曲家と受け手の共有した、イメージの祖型、歴史の事実から、必然的に導かれているかとも思われます。ベートーヴェンが『フィデリオ』の元になる歌劇『レオノーレ』の作曲に取り掛かったのは一八〇四年で、『レオノーレ』としての初演は、先ほど申したように翌年の秋。フランス革命の勃発より、一五年後から一六年後にかけて。とにかくフランス革命後のカオスの渦中で生み出されたのが『レオノーレ』→『フィデリオ』なのです。

ならば、監獄を巡るストーリーとは、やはりあの事実を連想させるでしょう。フランス革命勃発のあとすぐ、早くも神話的なイメージを帯びて広く西洋世界で語られるようになったバスティーユ監獄の襲撃です。

そしてバスティーユ監獄の事件は、もちろんレオノーレ個人がフロレスタン個人を救出に行く夫婦愛のような位相では説明できません。個人主義や英雄主義ではありません。群衆が囚人たちを、集団が集団を救済する。しかも、そこには自由主義や革命思想という観念の土台が機能していることはもちろんですが、監獄の襲撃は観念だけではできません。襲撃するとなれば、群集心理や集団催眠術のような個人で理屈を考えている域を超えたマスの力が発動しなければなりません。そこで音楽の力、歌の力、合唱の力が出てこなくてはいけない。いずれにせよバスティーユをふまえたオペラは個人的ストーリーではもはや済みません。どうしても最後は合唱の爆発なのです。

しかもその合唱は、たとえばルネサンス期の教会音楽の作曲家、パレストリーナのように複雑である必要はありません。解放されたい民衆の声は、神の秩序・宇宙の真理を巧緻《こうち》に表現しようとするルネサンス期の教会合唱音楽のようにややこしくなくてよいのです。いや、ややこしかったらダメなのです。『ラ・マルセイエーズ』的な世界でなくてはいけない。

マスの力は単純かつストレートに表現され、その勢いでもって個を超越してゆかねばなりません。それがポスト・バスティーユ時代のデモクラシー的音楽表現というものでしょう。マスによるデモの時代の音楽とはどうあるべきかという話です。具体的には独唱を飲み込んで主役の座を簒奪《さんだつ》するシンプルかつ量感のあるマスとしての合唱、デモ隊のような合唱に、音楽の中でいかに新たな地位を与えるかということです。

ベートーヴェンの歩みはそうした流れを、先輩ハイドンの『天地創造』と『四季』を参照しつつも、ほとんど彼一代で究極までやり遂げてしまった感があるのです。その流れとは、『フィデリオ』から、『ミサ・ソレムニス』（一八二三年）と交響曲第九番『合唱付』（一八二四年）に至ることになりましょう。特に『フィデリオ』から『合唱付』へのラインは強調されて然るべきです。『フィデリオ』の第二幕の終わりと『合唱付』の終楽章は、楽天的とも言える人間賛歌を大合唱の単純な表現において追求する点でまさに相似形をなしております。

しかも『合唱付』の「歓喜の歌」は、ほとんどこれはもう、フランス国民のための『ラ・マルセイエーズ』の人類ヴァージョンみたいなのです。みんなで歌って一体になる。みんながナショナルなところからインターナショナルなところに突き抜けると、フランス革命があらわにした歌の理想が、戦いの歌から平和の歌に反転する。みんなが国民なら別の国民と戦う「みんなの歌」にもなりますが、みんなが人類なら、もう戦う相手がいません。「歓喜の歌」のとてつもない意義です。

無限の戦争か、永遠の平和か

「日本国憲法の三大原則」というのがございます。「国民主権」と「基本的人権の尊重」と「平和主義」です。この三つが守られてこその戦後日本の民主主義。「平和主義」は、第二次世界大戦への大きな反省ゆえのものです、戦争はもうこりごりということです。そして「平和主義」を含め、「日本国憲法の三大原則」はいずれも近代ヨーロッパに出自を求められます。

一七八九年にフランス革命が起きました。本書で触れてきましたように、三大スローガンを謳いました。自由と平等と友愛です。

自由は人間が誰にも邪魔されず生きられる権利を持つこと。つまり「基本的人権の尊重」につながります。平等は、日本の江戸時代なら士農工商のような身分制度をやめ、みんなが国民として等しい存在になること。たとえ実際には貧富の差があろうと、たとえば選挙ならみんなが等しく一票を有すること。つまり「国民主権」につながります。友愛は争わず助け合うこと。つまり「平和主義」につながります。

もちろん、自由と平等と友愛という近代民主主義の三つの理想は、フランス革命によっていきなり誕生したものではありません。その前に長い時間をかけてイギリスとフランスで紡がれました。イギリスのホッブズやロック、フランスのルソーやモンテスキューが、思想家として重要な役割を果たしました。イギリスでは、乱暴な経過もあったけれど、概ねでは、王の権利を市民が徐々に抑制してゆくかたちで民主化が進みました。フランスでは、暴力革命によって市民が王を斬首する劇的な推移がありました。とにかくイギリスとフランスが近代民主主義を原則とする新しい国民国家のイメージを真っ先に作り上げていきました。

そうやって国民が誕生すると、彼ら彼女らは何をしたくなったでしょうか。本書で見て参ったとおりです。連帯するために、仲良くするために、ともに戦うために、一緒に並んで、ときには肩を組んで、声を揃えて歌いたくなるのです。

階級差が存在したときには、身分が違えば交際すること、口をきくことさえかなわなかった。その壁がなくなる。同じ対等の国民として付き合えるようになる。

それを手っ取り早く実感するのは、たとえば一八世紀のヨーロッパなら、ロンドンに住んで教会か楽友協会か何かの合唱団に入ることでした。人間は肉体のある生々しい存在だから、同じ仲間だと感じるには、手紙をやりとりするとか、同じ新聞雑誌書籍を読むとかするよりも、握手したり、抱き合ったり、声を合わせるのがいちばんよい。そうすると、心の底から仲間だと思えるのです。

だから近代民主主義の最先進国だったイギリスは「合唱の国」になりました。大合唱が盛んになりました。練習に行けばさまざまな人々と交際でき、声を合わせて一体になれる快感も味わえる。民主的なイギリスの国民だからこそ自由な市民として振る舞えるのだ。なんと素晴らしいことだろう。そう思う。そして彼ら彼女らは、みんなが声を揃えて歌える歌をたくさん求めるようになります。

その需要に応ずるかのように、イギリスの議会制民主主義が植民地経営を主たる背景とした経済の繁栄を込みにして飛躍的に伸長した一七四〇年代、そこにジャコバイトの反乱に対するナショナルな団結心の要求も加わって、相次いで国民的な愛唱歌が誕生しました。

神聖ローマ帝国からハノーヴァー朝の新イギリス国王に迎えられたジョージ一世にしたがって渡英し、ロンドンの大人気作曲家になっていたヘンデルが、オラトリオ『メサイア』を発表したのは一七四二年。その中の合唱曲「ハレルヤ」はイギリス人を熱狂させました。キリストの誕生を祝う歌という体裁だけれど、その「歓喜の合唱」の含意は「キリスト教国として繁栄するイギリス国民のひとりである喜び」に他ならなかったからです。同時期にはアーン作曲の『ルール・ブリタニア』もでき、ジャコバイトを退けようとする非常時の愛国歌として『ゴッド・セーヴ・ザ・キング』も広まりました。

ロンドンで仕事をし、ロンドンの合唱の伝統に新時代の方向を思い知らされた、ベートーヴェンの師でもあるハイドンは、ウィーンに戻って二つの大合唱向けのオラトリオ『天地創造』と『四季』を仕上げました。

またハイドンには、イギリスの『ゴッド・セーヴ・ザ・キング』に相当する歌をハプスブルク帝国のために作る役割も課せられ、今日のドイツ国歌になる旋律が、ハプスブルクの皇帝を称える歌として作られました。ハイドンがそれをクラシック音楽とは別物の、単なる大衆向けの機会的な歌の作曲の仕事と思っていなかったことは、ハイドンがその旋律を、自らの本領を示す創作分野のひとつ、弦楽四重奏曲において用いていることからも分かるでしょう。

フランスなら、本書に執拗に出てくることになった『ラ・マルセイエーズ』が、『ゴッド・セーヴ・ザ・キング』やハイドンのいわゆる『皇帝賛歌』に張り合う歌になります。

それは、一七九二年にゴセックが編曲して革命賛美のカンタータの中に取り込むなどし、演奏会用の壮麗な大合唱曲としても、ヘンデルの「ハレルヤ」に負けないものへと昇華しました。

このように、「みんなの歌」は、イギリスとフランスがリードし、ハプスブルク帝国等に波及していくかたちで広まってゆきました。みんなで歌うということは、みんなが自由と平等と友愛の観念の中で、階級差を消してゆき、人々の交際や連帯の輪を広げること。たいへんけっこうなことです。

『ラ・マルセイエーズ』から「歓喜の歌」へ

でも、みんなで歌うのは、本書で眺めてきたように、たとえばロンドンの市民の社交のように平和を前提とするとは限りません。『ラ・マルセイエーズ』も『ゴッド・セーヴ・ザ・キング』も『皇帝賛歌』も、一国内のみんなが連帯することで、外敵や裏切り者をやっつけようとする歌なのです。「みんな」は別の「みんな」に対抗するための「みんな」なのです。分断された「みんな」なのです。

市民が自由と平等と友愛を求めれば、特に友愛は万人を友として愛し合う思想なのだから、平和主義が当然ながら貫徹してゆくはずです。けれど、ロンドンの市民はイギリスの国民であり、パリの市民はフランスの国民である。市民が市民としての幸福を求めることは国益の追求とは必ずしも矛盾せず、それは他国との軋轢を生み、戦争につながる。そのために団結して歌う。

フランス革命からナポレオン戦争の時代に、ヨーロッパはとてつもないレベルで、そういう経験をしました。そもそも、自由や平等を求めるといっても、その仕方が急激にすぎれば、それを認められない内外の勢力との対立が深まり、戦争になります。

フランス革命のあまりに血塗られた経過は、まさにそれでした。過激すぎるフランスは、他国の干渉を招きこみ、大戦争が引き起こされ、フランスが干渉を退けて革命の理想を守るには軍事的強権が必要との理屈から、ついには革命の理想と正反対のはずの「独裁者ナポレオン」が誕生するに至りました。

こうした混乱を憂えたのが、ドイツの哲学者、イマヌエル・カントです。彼はフランス革命戦争のさなかの一七九五年、『永遠平和のために』を著しました。

市民が国民という枠に囲い込まれている限り、真の平和主義の実践は難しい。まず必要なのは市民が人類として目覚めることだろう。友愛という感情はすべての人間同士のあいだに生まれるもので、それが人間の持って生まれた倫理道徳の感情である。友愛は同じ国民のあいだだけに通用する感情ではないはずだ。本当の友愛は、国民愛・国家愛ではなく、むろん家族愛や男女の愛でもなく、人類愛そのものである。夜空に輝く星のように、人のひとりひとりの心の中には、人類愛への導きの星が光っている。

これぞカント的な性善説です。市民が人類愛こそを尊いと思えば、市民はパリやロンドンやベルリンの市民にとどまらず世界市民になる。そういう市民で世が満ちれば、既存の国家だけでは政治もできなくなるだろう。国家は国家連合にならなければならない。その果てに目指されるのは世界連邦、世界国家である。世界がひとつになれば戦争はなくなる。軍歌と行進曲に熱狂して殺し合うヨーロッパではなくなる。その根底での支えは世界市民ひとりひとりの人類愛である。

となれば、『ゴッド・セーヴ・ザ・キング』や『ラ・マルセイエーズ』や、ましてや『皇帝賛歌』では物足りません。それらは国民として心を合わして、他の国民への闘争心をよびさますばかりです。そういう大合唱曲ではなく、人類として心を合わす大合唱曲が必要なのです。それは崇高な理想を表現し、しかもみんなが歌える平明な旋律を有していなければなりません。
そのフランス革命後の切なる人間の平和の願いに応えたのも、またしてもベートーヴェンでした。

ユートピアの世界

ベートーヴェンが交響曲第九番を構想しだしたのは一八一二年です。ナポレオンがロシアで敗退した年です。そして第九番の計画の深まりは、ナポレオンが追放され、ついにヨーロッパの戦乱が終息に向かい、戦後の平和構築のためにヨーロッパの諸国家に連帯の機運が高まっているかのように感じられた時期と並行します。

しかし、ヨーロッパ大陸は結局、フランス革命とナポレオン戦争への反動期を迎え、民主主義も国家連合の夢も捗《はかど》らず、それに合わせるかのように、第九番のプランも放置されます。

ところが、ずいぶんたってから蘇ります。一八二二年、ベートーヴェンは、大合唱入りの音楽を大歓迎する、ロンドンの楽友協会から新作を委嘱《いしょく》されたので、第九番をそれに充《あ》てることにし、ついに完成をはかりました。

ベートーヴェンはこのときイギリスの民主主義の先進性に共感の念を示す書簡をしためています。ハプスブルク帝国の当時の状態からは絵空事にしか思われなくなっていた「人間が人類愛にめざめる歓喜の歌」が、イギリスを想起することによって、ベートーヴェンの心中でリアリティを回復したのでしょう。

そうして一八二四年に仕上がった交響曲第九番は、極めて大雑把《おおざっぱ》な言い方をお許し頂けるとするならば、ハイドンとカントとヘンデルをベートーヴェンの到達した流儀で料理し尽くしたものです。

しかも、劇的なソナタ・アレグロの第一楽章、ティンパニの効果的なスケルツォの第二楽章、安らかさこのうえなしのアダージョの第三楽章までは、ハイドンが確立し、ベートーヴェンが飛躍させた四楽章形式の交響曲のかたちをなぞるのに、終楽章はそれを裏切ってカンタータに化ける。覚えやすく肩を組みたくなるメロディで単純に熱烈に押しまくり、悲愴でなくて歓喜の方のパテティスムの究極の実践がなされます。

第一楽章や第四楽章には、ハイドンの『天地創造』との類似が認められ、第四楽章で詩人シラーのテキストにカント流の人類愛の思想を重ね合わせて作曲していることはベートーヴェン自らがノートに記しており、第四楽章の終結部の合唱の二重フーガはヘンデルのオラトリオを強く意識しています。交響曲第九番は、フランス革命の理想と、それとはだいぶん違う血塗られた現実と、流血を促進する「みんなの歌」の恐るべき力を、みんなまるめて次元上昇させる極め付きの音楽でした。ベートーヴェンのパテティックな音楽の軌跡は、ここにユートピアの世界へと止揚《しよう》されたのです。

でも、そのあとの世界は、「歓喜の歌」の通りにはなっていません。世界の状況は人類愛の実現からは程遠いのです。

われわれは、「歓喜の歌」ととてもよく似た気もする、歌いやすい「みんなの歌」の世界を、『ゴッド・セーヴ・ザ・キング』や『ラ・マルセイエーズ』や『皇帝賛歌』の方の「みんなの歌」の世界を、今日も生きているのです。みんなを別のみんなに敵対させるために煽り、動員する、歌とマーチの世界を。

本書関連年表

※本文中に言及がある事項を中心に、編集部が作成した。

西暦	世界情勢	音楽家関連
一五二九	第一次ウィーン包囲	
一六一八	三十年戦争（〜四八）	
一六四八	ウェストファリア条約締結	
一六八三	第二次ウィーン包囲。大トルコ戦争（〜九九）	
一六八五		二月、ヘンデル生まれる。三月、大バッハ生まれる
一六九九	カルロヴィッツ条約締結	
一七〇一	プロイセン王国成立	
一七〇七	グレートブリテン王国成立	
一七一四	ジョージ一世が即位（イギリス）	
一七一六	陸軍幼年学校（プロイセン）設立	
一七三二		三月、ハイドン生まれる
一七三四		一月、ゴセック生まれる
一七三九		十一月、ディッタースドルフ生まれる
一七四〇	マリア・テレジアがハプスブルク家の家督を相続し、オーストリア継承戦争（〜四八）が	

	起こる。第一次シュレージエン戦争（〜四二）	
一七四一		『メサイア』（ヘンデル）
一七四四	第二次シュレージエン戦争（〜四五）	
一七四五	ジャコバイト蜂起（イギリス）	
一七四七		『音楽の捧げ物』（大バッハ）
一七五〇		七月、大バッハ死去
一七五一	陸軍士官学校（オーストリア）設立	
一七五六	ハプスブルク家とブルボン家が同盟を締結（外交革命）。七年戦争（〜六三）	一月、モーツァルト生まれる
一七五九		四月、ヘンデル死去
一七六五	ヨーゼフ二世が皇帝位を継承（オーストリア）	
一七七〇	ルイ一六世とマリー・アントワネットが婚姻（フランス）	十二月、ベートーヴェン生まれる
一七七四	ルイ一六世が即位	
一七七五		ヴァイオリン協奏曲第五番（モーツァルト）
一七八一	ヨーゼフ二世が農奴解放令を発出（オーストリア）	
一七八二		『後宮からの誘拐』（モーツァルト）
一七八三		ピアノ・ソナタ第一一番（モーツァルト）

一七八六		『フィガロの結婚』（モーツァルト）、『医者と薬剤師』（ディッタースドルフ）
一七八七	露土戦争（〜九二）、墺土戦争（〜九一）	『ドン・ジョヴァンニ』（モーツァルト）
一七八八		交響曲第四一番『ジュピター』（モーツァルト）
一七八九	フランス革命起こる（バスティーユ襲撃）	
一七九〇	レオポルト二世が即位（オーストリア）。全国連盟祭（革命一周年記念式典、フランス）	
一七九一	ピルニッツ宣言	『魔笛』（モーツァルト）。交響曲第九四番『驚愕』（ハイドン）。十二月、モーツァルト死去
一七九二	フランス革命戦争（〜九九）。フランツ二世が即位（オーストリア）。テュイルリー宮殿襲撃。ギロチンが処刑道具として採用される（フランス）	『ラ・マルセイエーズ』（ルージェ・ド・リール）
一七九三	ルイ一六世夫妻が処刑される。ロベスピエールが革命政府の権力を掌握（フランス）	
一七九四	「最高存在の祭典」開催。ロベスピエールらが処刑される（テルミドールのクーデター）	交響曲第一〇〇番『軍隊』（ハイドン）、交響曲第一〇一番『時計』（同）
一七九五		交響曲第一〇三番『太鼓連打』（ハイドン）、交響曲第一〇四番『ロンドン』（同）
一七九七		『神よ、皇帝フランツを護り賜え』（ハイドン）
一七九八	ナポレオンのエジプト遠征（〜〇一）	『天地創造』（ハイドン）。ピアノ・ソナタ第八

一七九九	ナポレオンが統領政府を樹立（ブリュメールのクーデター）。	番『パテティック』（ベートーヴェン） 十月、ディッタースドルフ死去
一八〇一	リュネヴィルの和約締結	『四季』（ハイドン）
一八〇三	ナポレオン戦争（〜一五）	十二月、ベルリオーズ生まれる
一八〇四	ナポレオンが皇帝に即位	交響曲第三番『英雄』（ベートーヴェン）
一八〇五		『フィデリオ』（ベートーヴェン）
一八〇八		交響曲第五番『運命』（ベートーヴェン）、交響曲第六番『田園』（同）
一八〇九		五月、ハイドン死去
一八一二	ナポレオンのロシア遠征	
一八一三	ビトリアの戦い	五月、ワーグナー生まれる。『戦争交響曲』（ベートーヴェン）
一八一四	ナポレオンが退位し、ルイ一八世が即位	
一八一五	ナポレオンが復位するも、ワーテルローの会戦を経て、ルイ一八世が復位	
一八二三		『ミサ・ソレムニス』（ベートーヴェン）
一八二四	シャルル一〇世が即位	交響曲第九番『合唱付』（ベートーヴェン）
一八二七		三月、ベートーヴェン死去

一八二九		二月、ゴセック死去
一八三〇	シャルル一〇世が退位し、ルイ・フィリップが即位（七月革命）	『幻想交響曲』（ベルリオーズ）
一八三七		『レクイエム』（ベルリオーズ）
一八四〇		『葬送と勝利の大交響曲』（ベルリオーズ）
一八四八	ルイ・フィリップが退位（二月革命）	
一八四九		『テ・デウム』（ベルリオーズ）
一八六六	普墺戦争	
一八六九		三月、ベルリオーズ死去
一八七〇	普仏戦争（～七一）	
一八七一	ドイツ帝国成立	

本書は、二〇一九年四月～六月、朝日カルチャーセンター新宿教室にて行われた講座「クラシック音楽で戦争を読み解く」の内容を再構成したものです。

片山杜秀　かたやま・もりひで
1963年、宮城県生まれ。思想史家、音楽評論家。
慶應義塾大学法学部教授。専攻は近代政治思想史、政治文化論。
慶應義塾大学大学院法学研究科後期博士課程単位取得退学。
著書に『音盤考現学』『音盤博物誌』
（アルテス・パブリッシング、吉田秀和賞・サントリー学芸賞）、
『未完のファシズム』（新潮選書、司馬遼太郎賞）、
『「五箇条の誓文」で解く日本史』（NHK出版新書）、
『鬼子の歌』（講談社）など。

NHK出版新書 597
革命と戦争のクラシック音楽史
2019年9月10日　第1刷発行
2024年7月 5日　第2刷発行
著者　片山杜秀　
発行者　江口貴之
発行所　NHK出版
〒150-0042 東京都渋谷区宇田川町10-3
電話（0570）009-321（問い合わせ）（0570）000-321（注文）
https://www.nhk-book.co.jp（ホームページ）
ブックデザイン　albireo
印刷　壮光舎印刷・近代美術
製本　二葉製本

Printed in Japan　ISBN978-4-14-088597-0 C0222

NHK出版新書好評既刊

8050問題の深層
「限界家族」をどう救うか
川北 稔
若者や中高年のひきこもりを長年研究してきた社会学者が、知られざる8050問題の実相を明らかにし、従来の支援の枠を超えた提言を行う。
596

革命と戦争のクラシック音楽史
片山杜秀
優美で軽やかなモーツァルトも軍歌を作っていた？「第九」を作ったのはナポレオン？世界史と音楽史が自在に交差する白熱講義！
597

誰も知らないレオナルド・ダ・ヴィンチ
斎藤泰弘
芸術家であり、科学者でもあった「世紀の偉人」がなりたかったのは、「水」の研究者だった？自筆ノートから見えてくる「天才画家」の正体とは——。
598

日本語と論理
哲学者、その謎に挑む
飯田 隆
「多くのこども」と「こどもの多く」はどう違う？「こどもが三人分いる」が正しい場合とは？日本語のビミョウな論理に迫る「ことばの哲学」入門！
600

世襲の日本史
「階級社会」はいかに生まれたか
本郷和人
日本史を動かしてきたのは「世襲」であり、「地位より家」の大原則だった。摂関政治から明治維新までの流れを読み解き、日本社会の構造に迫る！
601